# 張伯苓

## 一人一校一国家

ZHANGBOLING

张伯苓 等 著

YIREN YIXIAO YIGUOJIA

中国文史出版社
CHINA CULTURAL AND HISTORICAL PRESS

**图书在版编目（CIP）数据**

张伯苓：一人一校一国家／张伯苓等著．-- 北京：中国文史出版社，2018.1
ISBN 978-7-5205-0602-1

Ⅰ．①张… Ⅱ．①张… Ⅲ．①张伯苓（1876-1951）-传记 Ⅳ．① K825.46

中国版本图书馆 CIP 数据核字 (2018) 第 230917 号

**责任编辑**：梁玉梅

出版发行：中国文史出版社
社　　址：北京市海淀区西八里庄路 69 号院　邮编：100142
电　　话：010-81136606　81136602　81136603（发行部）
传　　真：010-81136655
印　　装：北京新华印刷有限公司
经　　销：全国新华书店
开　　本：16 开
印　　张：16.5
字　　数：243 千字
版　　次：2019 年 3 月北京第 1 版
印　　次：2020 年 10 月第 2 次印刷
定　　价：49.80 元

# 目 录

CONTENTS

## 上编 一人一校一国家


003 第一章 先生夙志，教育救国

结婚四十年自述 / 4

009 第二章 旧中国，新南开

南开学校的教育宗旨和方法 / 10

旧中国之新希望与旧南开之新责任 / 13

南开精神，即“为公”二字 / 16

教育宗旨由本国情而定 / 19

本学期之政策 / 23

欢迎校董，与南开共长进 / 27

香山会议之议题 / 31

本校教育政策 / 33

寄语出版部：定准方针向前走 / 35

事无大小，全在精神 / 36

改造南开 / 39

振兴实业，增进物质文明 / 41

当前的时局及南开的训练方针 / 43
社会调查的目的和组织 / 45
立志、冒险、前进 / 47
今后南开的新使命 / 49
教育发展，力求质精 / 52
我们要振作起来 / 54
南开的精神愈益奋励 / 62
南方之南，开展其伟大之生命 / 63
四十年南开学校之回顾 / 65
世界、中国、南开 / 80

083 第三章　欲强中国，端赖少年
德智体三育并进而不偏废 / 84
舞台、学校和世界 / 86
改正过错 / 88
诚，一切道德事业之本源 / 90
中国人所最缺者为体育 / 92
欲强中国，端赖新少年 / 95
以社会之进步为教育之目的 / 97
做事之方法 / 100
教育者当注重人格感化 / 102
青年的择业、婚姻和信仰 / 103
交友之道 / 104
奋斗即是生活的方法 / 106
熏陶人格是根本 / 109
学行合一 / 112
学生的自立基础 / 115

提倡课外学术观摩会 / 116
对于南开校友的展望 / 117
认识环境，努力干去 / 120
南开校友与中国前途 / 125

129 第四章 改造中国，睡狮方醒
吾之救国药 / 130
救国在教育 / 133
中国之第一要策，在于培养干才 / 134
改造中国，须去旧材料用新方法 / 136
中国的富强之路 / 138
坚卓不拔 发展进取 / 143
在舒城，着手负责任事业 / 145
教育为解决一切困难之妙物 / 147
中国之将来希望，纯在人才 / 149
中国革命与改造及吾人今后之机会与责任 / 151
认清目标，竟先生未竟之业 / 153
吾人应有之认识与努力 / 154
迸发前进，创造新中国 / 161
中国教育之两大需要 / 162
访美感想 / 164
运动会的缘起和发展 / 168
教育为改造中国之根本办法 / 170
中国之现状 / 173
回顾过去，瞻望将来 / 175
今后之我国体育 / 176
唯有全民参政，才能大公无私 / 178

# 下编 张伯苓与他的事业


183 第五章 先生早年，弃武从教

先生幼年，颖异过人 张锡祚 / 184

悲甲午之痛，誓言弃武从教 张锡祚 / 186

亲睹国帜三易，痛心外侮 王斗瞻 / 189

必须改造人 曹汉奇 / 191

195 第六章 南开学校，风雨兼程

南开兴学，蒸蒸日上 张锡祚 / 196

南开的戏剧和体育 张锡祚 / 200

在抗战的疾风骤雨中 张锡祚 / 202

抗战胜利，南开复校 张锡祚 / 209

先生兴学，势如春笋，展拓蒸蒸 王斗瞻 / 216

移步换景逛南开 黄钰生 / 219

早年的南开，教育很扎实 黄钰生 / 224

南开是个家庭学校 黄钰生 / 227

南开精神：干、干、干 杨肖彭 / 232

东北沦陷，印《东北经济地理》 何炳棣 / 236

239 第七章　作为教育家的张伯苓

父亲早期的教育思想　张锡祚 / 240

先生办学，侧重“人才教育”“领袖教育”　王斗瞻 / 243

教育救国，苓之夙志　王斗瞻 / 245

对青年人热情，让人乐于接近　杨肖彭 / 249

复校之志弥坚　杨肖彭 / 250

私立学校如南开者，不可多得　杨鸿烈 / 252

# 上编

## 一人一校一国家

# 第一章
# 先生夙志，教育救国

# 结婚四十年自述 *

我本是出身于寒士家庭中的一个子弟，父亲是一个教书的先生。教书的和穷字向来不分家，所以同时我的母亲，还要用十指来帮忙她的丈夫，去接收一点外活来做做。我有两个妹妹，一位嫁了马千里，一位嫁了一个姓黄的。一个弟弟，那便是仲述。当然完全是一个旧家庭。

在我十九岁的时候，我就结婚了，也就在那年冬天，我的第一个太太就死去了，从结婚到续弦，中间不过十八天的工夫。那十八天，就从糊里糊涂中过去。我常想，假若我是一个女人，而又是在旧环境中，过了糊里糊涂的十八天，便要一辈子糊里糊涂地守节守了下去，岂不是一件笑话。但我们可以想到这种笑话中的主人，是随时随地不难找到的。

我到二十一岁的阴历正月二十一日，又和现在的太太结了婚。向来续弦，一定丈夫比妻子要大。但我们却是例外，她却比我大了三岁[1]。她的父亲，和我父亲的职业是一样的，也是教书的，这正称得起是门当户对。

她到我家的时候，我的弟弟仲述，才不过四岁，她常把他背在身上的。

---

* 本文是 1935 年 2 月 24 日张伯苓在他举行的结婚四十周年纪念会时，对《益世报 · 社会服务版》记者的谈话记录。

[1] 张伯苓之妻名王淑贞，1873 年生，比张伯苓大三岁。

我的母亲，是一个心地很慈善的老太太，不过喜欢爽快，脾气有点躁。家里又没有钱。那个环境，确实是不大容易对付；但是她向来没和我说过一句话，关于她的任何困难。家里实在没钱用了，我的母亲有时就拿自己和她的东西去当，她知道家里的贫乏和婆母的苦心，她为安慰老人，假作不知。她向来不看重物质，所以也并不寻找；而母亲等到有钱的时候，便又悄悄地赎出来，给她放在原处。例如这种事，她并不告诉我知道。到了后来家境稍为充裕了，她并不再感觉困难了，才渐渐地当闲话，偶尔和我谈谈。我才知道过去母亲和她都曾经受过许多艰难。

我那时正在北洋水师学堂，常在船上，不能常回家。如果回家的时候，她尽说许多足以使我愁烦的家庭琐事，岂不两个人就减少了快乐，反觉得索然了吗？要是她再哭一场，我真不知将何以自处，但她并不如此，她始终认定了只有夫妇俩的情感要紧，其余都可以不管，所以便一切索性不说。这算盘打得我以为顶对，顶对！我觉得她最可以称道的，就是她应付旧家庭甚为得体而又不使我知道一点的这一点。

我自己是一个办教育的人，办教育自然也就是教书，教书不能发财，办教育也就不能发财。当我自己开始养家时，我就告诉她，钱不要花过了头，尤其不要使我分心去想家里的钱不够花，所以几十年之内，我家里在极经济的支付状况下，是无时无钱的，说不定，也许是我给的过多了罢？的确，她向来不曾和我提过一个钱字。这一点，帮助我很大。假使她不能不向我提钱，而我又时时为家里用钱打算，我也就不会专心于我的教育事业了，特别是在赚钱还不多的时候。钱，这个东西，是没个够的，那要看你怎么用。

她持家常然十分节俭，但对我却很优厚，例如她在这四十年中，就是常为我预备些好吃的食品，孩子们却并不在内。

我对于孩子们，没有工夫去看管他们，都是由她看管大的，她不识字，不能教育，但是常识却十分丰富，而且理解非常清晰，孩子们对于他们的母亲，都是十分敬爱的。

她教育小孩子有三种规定：一、宁肯饭菜做得好些，但绝不许买零嘴吃。二、绝对不许说诳话。三、用钱只要有理由，准给；没理由，准不给。

孩子们都穿布衣服，就是现在他们做了事，这种良好的习惯还存在着。向例老大的衣服，再留给老二穿，老二的衣服留给老三穿。但是后来长成了人，我的三儿子却比二儿子高，四儿子又比三儿子高，这却成了一个有趣的问题。记得有一次老四向他的母亲要求："来件新棉袍吧！我穿完了再给三哥，再给二哥、大哥，倒着穿回去不一样吗？"我想起来就要笑，从这里，也可以看出她教子、持家之一斑。

孩子们小的时候，当然爱闹，所以当我在家时，他们的母亲怕惊扰了我，便领了他们到别处去。她对于孩子们是不常说的，她觉到总说并不好，那样会减去了孩子们的羞愧心和改过。我对他们偶尔打过，但次数极少，也可以说因为他们有了好母亲，他们就用不着我去管教了。

我的四个儿子，在她的管教之下，如今都成了人，大的又做了教书的先生，二的仍来经商，现在是从政了，四的在中央航校，现在也毕了业，总算都有了相当的成就。三的现在是正在养病时间，他生的是肺病，多少名医都治不了，而且几乎认定了命运已无可挽回，而他的母亲却自信母爱一定可以使他起死回生。果然，她那伟大的母爱，就使他日渐壮健起来。这四十年中，她为了四个儿子，真不知费了多少心血！

她最使我满意的，就是四十年来对我时时、事事的安慰。我最近这几年，命运的确不错，但前几年，有许多时候是遭着失败，也不知碰了多少钉子。我每次钉子来的时候，总抱着不说话的态度，在我沉默的期间，她每次是如何地安慰我！劝我！她总爱说："不要紧，什么事情过去就好了！"这话的确对！的确有道理。在我每次碰了钉子被她劝解以后，接着便是另一个新的开展，回回都如了她的预料："过去就好了。"她增加了我的勇气和自信心！

家庭本是一个人工作后回来休息的地方，当然应该有一个愉快的环境才对，如果家庭是一个别扭的家庭，那就一定不能增加他工作的效率。我在家里，四十年来，向来不曾生过一点气，这便是她最大的功绩、我最大的安慰。因为这样，我做事的心，才不被分化，才永远是个整个的，她的确帮助我工作增加不少效率；但她不像一切新式女太太一样，只会安慰丈夫而并不负其他的一切家庭责任。

我对于自己的衣服，向来是不会想的，什么都是她替我预备。现在钱稍微松动了，还好办，从前量入为出的时候，她也都预备得很周全、熨帖。我向来却不曾注意过她的一切事。她又不合新式的太太们意见一样，对于丈夫，并没有“你应当伺候我！”的观念。

四十年来，我们未曾打过一次架，就是偶尔有见解不同的地方，一会儿也就过去了。

就她的常识论，我觉得比读过书的妇女还要高一点。我真幸运有这么一位太太，如果不是这样一个人，恐怕这一生，我什么也做不成了。

四十年里，我每天回到家中，是完全休息着，十分舒服，十分安慰。因为有了她，不知省了我多少事：父母，她替我侍奉了；子女，她替我抚养了。我真应该对她表示十二分的谢意。

“我尊敬她，我佩服她，佩服她的算盘打得的确不错！”

（原载于 1935 年 2 月 24 日《益世报》）

# 第二章
# 旧中国，新南开

# 南开学校的教育宗旨和方法

## 一、南开学校教育宗旨及其教授管理之方法

凡事必有一定宗旨，然后纲举目张，左右逢源。本校教育宗旨，系造就学生将来能通力合作、互相扶持，成为活泼勤奋、自治治人之一般人才。英语所谓 Co-operative human being 者是也。欲达此目的，不可不有适宜之办法。前山东师范生来本校参观，在思敏室茶话。席间有以本校教授管理之方法相询者。余当时曾设譬答之，谓如幼稚园之幼稚生然，唱歌时每须举动其手足。为之保姆者，不过略一指点。其前列聪颖之幼稚生，立时领悟，余者即自知如法仿效，无须事事人人，皆须保姆为之也。本校教授管理亦无以异是。唯在引导学生之自动力而已。诸位先生倡之，老学生行之，新学生效之，无须个个提耳谆嘱也。而精神则在“诚”字、“真”字、“信”字。本校至今办理小有效果者，恃有此耳。诸生日日灌溉此精神之中，亦知之乎？

汝等新来诸生，亦当如幼稚生之视其前列聪颖者之举动，而注目先来诸生之勤苦者之举动，特汝等现在程度，远非幼稚生之比，则努力进步，应亦较幼稚生为甚，如此做去，则九百余人之教授管理，殊易易也。

## 二、爱学校

人为万物之灵，而不能如草木之孤立为生。在昔原人时代，人之生也，只知有母，其后人类进步，而有父母兄弟。以中国习俗言，尚有祖父母、伯叔等等诸关系。此种组织 institution 是曰“家庭”。然家庭系血统的联属，自然相爱。再进，人不能不求知识，为涉世之预备，于是离家庭、入学校，等而上之为社会、为国家。凡在一种组织之中，则已身为一分子，member 一言一动莫不与全体有密切关系。

对于社会国家，今姑勿论，而但言学校。学校系先生、学生与夫役三部所合成。其目的则造成德育、智育、体育完全发达，而能自治治人、通力合作之一般人才，以应时势之需要。诸生须知既为学校中之一分子，则汝实栖息于此全体之中。学校而良善，汝亦随之以受益；汝而良善，学校亦随之与有荣。反言之，学校而有缺点，汝亦不完；汝而有败行，学校亦玷污。利害相关，休戚与共。夫狭义之言学校，则课读而已；广义之言学校，则教之为人。

何以为人？则第一当知爱国。今人莫知我国国民爱国心薄弱，欲他日爱国则现在宜爱校，既同处一校则相与关切至密，亦既言之矣！故须相爱，以相助相成，其理由至易明了。然则如何用其爱，第一对于人有师长、有同学、有夫役，余不敢谓本校诸位先生如何特别优尚，唯余生平任事数校，求如本校诸位先生之一致、之认真、之热心，并以余暇竭力扶助学生诸般之自治事业，殆属绝无仅有。吾向以中国前途一线光明，舍振兴教育外无他术。今得如许同志协心同德，将来当不无成就也。诸生知有人敬爱汝，则汝必思厚报之。今诸生能敬爱诸位先生，则诸位先生亦自更加精神，以惠爱答之也。然教育非如贸易者，以一文之价来，必以一文之物去，轻轻然不肯溢利与我也。且师长对于学生，莫不勉力扶植之，而对于资质稍次者为尤甚，表面似恨之，其实则竭力成全如恐不及。诸生切勿误会此意，对师长要爱，对于同学尤要爱。诸生试思，在家兄弟最多六七人已不易得，今在学校则九百余众，是皆异姓兄弟也。在家兄弟少，在校兄弟多，则在校兄弟之乐，自亦较大于在家兄弟之乐也。且在校同学一语良言，其益往往过于师长终日强聒，盖相习既久，长短互现，无隔靴搔痒之谈，多对症下药之论，收效之易自无待言。交友不必酒食征逐，须择规过劝善之真能益我者。然语云：“无友不如己者。”西语亦有云：Birds of a feather flock together（喻人以类聚也）。优尚者与优尚者处我虽欲得益友，奈益友之不以我为友。何曰此，唯在汝自处如何耳！汝日日进步，则益友不求自至矣！自爱爱人，人安得不汝爱乎？

今再言夫役，余生平之仆役，自为学生至于今日，无一人不忠顺于我者，此何以故？无他，以人待之耳。世人往往以奴仆为次于平人一等，至目之为禽兽，随自己之喜怒以横虐之，不知彼亦人也。汝不以人待之，彼亦不以己为有人格，渐渐无所不为矣！尚欲其忠顺得乎？若能以严正驭之，而加以仁慈使知自爱，既知自爱，夫何不忠顺之有？

以上言在学校对于人之爱。兹复言对于物之爱，爱物亦公德也。公德心之大者为爱国家，为爱世界。在校先能爱物，而后始可望扩而大之。至于国家、世界、校中桌椅，非汝之所有，亦非我之所有，推而至于书籍、图报、讲室、斋舍、食堂、厕所、球场，亦皆非汝与我之所专有，而为学校之所公有。我所有者不过其一分，一方面既为我之一分，则我之物我爱而保存之，固宜一方面为众人之所公有，则众人我所爱也。爱其人自亦不应毁其物，如偶或损坏，务要到会计室自行声明，照价赔偿，不可佯为不知。因微物有价而人品无价，毁物不偿所省有几，而汝之人品全失。失无价之人品，余有限之微资，勿乃自贬太甚乎？同学见有此等事，应为立即举发，因彼所毁之物亦有汝之一分也。然此物之有形者也，尚有无形者，为团体精神与全校名誉。本校出版之诸种报纸、杂志，如《校风》《敬业》《英文季报》及未出版之《励学》等，皆团体精神也。较物质百倍可贵，则维持之、发扬之，应尽其力之所能及。至于全校名誉，其良否皆与尔各个人有关（理详上），则尤所不可忽也。

（原载于《校风》第18期，1916年1月24日）

# 旧中国之新希望与旧南开之新责任 *

春假内余曾赴京，所受感动，当于今日，为诸生言之。校内于春假亦曾组织旅行团，与行者受益自必不少。旅行最要之点，即为得一新经历。因吾人每日起居动息皆有例可循，常而不变，必寡精神。至旅行则可引起兴味，再做何事，自能得良善结果。余之至京，其原因之最要者，意赴美后，要余演说者，必有其人，虽欲拒绝，恐亦难免。

演说时如谈世界大局，自觉恐才有不逮；如谈专门科学，恐识有未足；即言身所历，目所经之教育，又觉寡趣无已。其一，言中国之与东亚诸问题乎？此为关系美日中三国者。关系中日固矣，何以谓为关于美乎？盖与美所界，只一太平洋间，故亦有关系。此种问题美日皆有著作论说，而中人则阙然久未及此，且常有外国友人对余提及。故虽觉不足，亦以尽厥责任为目的。曾思中人对于此种问题，较他人知之应为更稔，而况余侪教育中人乎！此所以必不得已于言也。然徒恃一己之眼光，而不知他人之论调，又呜呼可！故必参考美日之议论，然后言时较为圆满而有把握。

余至京以此意告之西友密司忒葛雷。葛君言政府顾问英人莫理逊君处，藏书甚富，且多关于中国之与东亚诸问题。莫君曾为伦敦《泰晤士报》主

---

* 本文为1917年4月11日张伯苓在修身班上发表的演说，原题为“修身班校长演说记略”。

笔，前八年以顺直禁烟事余曾见之。今得葛君介绍，往访其人，得伊欢迎。且定于某日上午十钟涉猎其所藏书，至时赴约往视。其屋之小大，不下本校礼堂。书架满屋，琳琅满架。较之处则充栋宇，出则汗马牛，殆有过之。内分书籍杂志等，其书各国文字皆备，内约百分之九十余为英文，以著作者既多英美国人，而他国人亦间有用英文者故也。其余为法文、为德文、为拉丁文、为瑞典文。法文所载，率为云南、广西二省之土地风俗人情、矿产等。德文所载率皆关于山东之情形。拉丁文则为罗马教士初至中国所记载。瑞典文则寥若晨星，不多覯矣。一时不能遍观。伊为我介绍数册，后又视其法文所书之关于云广者，其中绘图之精，中国书籍中殆未之见。以其地与安南毗连，故彼觊觎最力。德文中则有五厚册关于山东者。莫君对余曰："若辈之经营亦不为不力矣。"真慨乎其言之。余闻听之余不寒而栗，方知他人较中人之知中国之多，有过之无不及也。

嗣后与之略谈中国大局。其批评中国政治缺憾甚当，且曰：满室之书无一语敢谓中人不足有为者。彼对于中国将来希望甚大。余要之演说，伊言演说非其所长。及十一钟余，余兴辞去。是日晚，葛君请一英国大学历史教育（授）某君共餐，余在座，食时，某君言及中国人与他国人皆谓中国古国也，地利率皆用尽，是诚大谬。中国宝藏甚富，蕴而未开，可享之数世而有余也。斯言也，在常人言之亦无价值，而某君者则曾在中国各地演说，其言皆从调查学问经历得来。言必有中，铁案不移也。后余在清华学校居住数日，潜玩莫君为余所介绍之书。阅毕，与前此对于中国之眼光不尽有所改变，方知吾人欲知中国情形，必观外人书籍。斯言乍听似偏，然吾中人之对中国，语焉而不精，知焉而不详，非按科学方法所研究既不能一致，故亦不能谓之真知。彼则以社会、经济、博物、政治、宗教等学理分类揭出，故有规则、有条理，较之中人所述似为较胜。昔苏格拉底有言曰："Know themselves。"中人之病，即患在不自知。诸生知夫睡狮乎？其齿非不利也，爪非不尖也，力非不猛也，徒以睡故而失去知觉，麋鹿欺之。故欲有为，必先恢复知觉；而恢复知觉即在"awakening"——"醒"之一字也。此字也昔曾言之而不知之，今则能谓真知矣。盖此字非阅历、思想不能知也。

余今日之题为“the new hopes of old China and the new respons-ibilities of old nan-kai school”（旧中国之新希望与旧南开之新责任）。夫世界各国各尽厥责，如德倡潜艇政策而美抗之，尽其责也。而中国如何？睡狮知觉之无有，中国何责之能尽？虽然，中国人岂真不能尽责而有为耶？则固知莫理逊之言，无人敢谓中人不足有为者，与某君之谓，中国地利可数世享之而无穷，不我欺也。推原其故，睡狮所短者，精神也；而中国所短者，亦精神也。精神何以短？以性好保守也。譬之以弈，能取能弃，欲取姑与，方能制胜。耶稣基督曰：如求生命必先弃生命。譬之种粮，必先撒种于地，待之半年，方能刈获。若数事者，岂保守之人所能为哉！此中人之所短者也。何谓旧中国新希望？中国所少者，岂官吏乎？岂一般人民乎？亦皆非也。所短者，即为五十年或百年后造福利之人。何谓旧南开新责任？即为余与诸生从兹立志唤醒一己，唤醒国人，醒后负责任为世界发明新理论、新学说，使世界得平安，为人类造幸福。此为余春假中所得者，亦为所望于诸生者，而又赴美后所欲以之演说者也。

（原载于《校风》第61期，1917年4月18日）

# 南开精神，即“为公”二字 *

## ——留日南开同学欢迎会演说

今日在此，先代表赴美同人，敬谢诸君厚意，并愿与诸君介绍张君伟如。张君亦南开旧日学生也。座中石女士虽与南开无关，亦名誉佳客也。今春赴东亚运动会与诸君相晤时，即有今日欢聚之约，兹果成为事实矣。当未起程之前，恒静坐默思，如何起程？如何赴日？如何在东京聚会？种种景象历历如在目前，抵东之期越近，则此种景象愈觉真切。舟抵神户，发电告诸君时，即想见觏面时之乐。及至横滨，晤南开同学会代表，愉快莫名，及与诸君把晤，则更乐矣。

夫余前此种种预想，次第现于事实，与前此所预想者，曾无少异，可见世事皆由渐进。人生生活亦然。抱一种希望，次第进行于精神界中，扩充势力，此种生命方觉有趣耳。余心常受感动者有两事：一则为国为公常觉快乐，为名为私每多失望。何也？盖为公众做事尽责而行。责任已尽，虽有失败，而扪心自问毫无愧恧。俯仰自得天下之乐，莫过是矣！至若为己身私利孜孜而谋，谋而不成，未有不失望者。余贫而无资，然余甚乐。盖诸君皆余之产业也，有如许产业，安往而不乐哉！南开学生尚未入社会做事，已有团

---

* 本文为张伯苓赴美途经东京时，于 1917 年 8 月 18 日在汉阳楼的演说词，由留日南开同学会记录，标题为编者加。

结势力，悬理想以测将来，结果若何？亦从可知矣。夫今日之会，预定于数月以前，不转瞬而实现；居今而预想，吾等将来之前途，亦将不转瞬而次第实现。苟有其志，事未有不能成者。南开学生到处有团结力。曾闻黄钰生言，南开学生在清华学校，亦有团体。此种精神急宜利用，盖今日社会引诱太多，能辅助、能勉励吾等者小团体之力甚大，苟不利用之，真失机会也。将来在社会做事非有团结力不可，否则必不能成功。此即团体之效力也。吾人之计划岂非使中国富强，与欧美并驾齐驱乎！夫前此希望今日之会其事小，数月而成；使中国富强其事大，其成功在数十年致百年之后，亦未可知。余虽身死不及见亦与目睹无异，但愿吾人协力前进，不畏险阻。此则须赖团结力矣！我国在世界上果占何等地位，不可不知。昔时世界各国尚不知我国内容，后渐以虚弱之名暴露于世。于是瓜分与利益均沾之说，相继而来。

自日本勃兴东亚，我国边壤多遭觊觎。欧战发生乃一变于政策，倡东亚门罗主义，于商业财政，皆切实预备，将来西人势力恐不能与争。今者中国政变，国内大乱，日本持不干涉态度，恐伤两国感情，难为将来扩充势力地也。就中与日本势力稍有抵触者为美国。近年来日美感情，不甚融洽。美惧日本垄断于中国，于其太平洋之发展有碍。故近日日美交相商榷，协助中国。苟中国长此以往，不能自治，两国将越樽俎代庖，一如美国之对墨西哥。中国而果至此地位乎？余非所忍言矣！他勿具论。即如财政一项不思整顿，外人之干涉亦岂能免。至此地步则全国之自由失矣！诸如此类，皆我等将来所必遇之问题。今日须志之，以为将来之计划。今日国事纠纷连年变乱，国人多心灰望绝。若国之危亡即在旦夕者，夫中国而果至于亡耶？吾安忍言。然不幸而中国果即于亡，吾人犹当谋所以复兴之，决非一亡，即安然无事，以听他人之宰割也。亦不能谓国亡即不能做事也。吾人计划无论国之存亡，皆宜进行。虽然国亡而欲做事，其事太难，其遇太苦，非余所忍思也。

此次东来，路遇一印度学生，欲赴美研究神学者，有两汽船公司（赴美之汽船公司凡三），以其为印度人靳票不售；其一公司虽售而倍昂其值，置之下等舱中。此余目睹之事也。亡国之人跬步为艰。吾辈虽欲亡国其奈代价之重，非吾等所能任受乎？夫国而不治，在理宜亡；国而能治，其势必兴。此事实之无可逃避者也。以我国之现状，是否有招外人干涉之道，平心思之，未有不悚然惧者。今事已至此，唯立定志向思所以挽回之耳。余尝曰：诸事可变，南开精神不可变，一致为公，始终不渝。常策欧尝问余曰：将来入社会做事，对于失望，有何补救？余应之曰：尽力而行，多为公，不为私，无所谓失望也。余固尝言，为己而谋，每多失望。凡做一事，第问其为己为人耳？苟其为人不，何必容心于成败之间哉！余敢断言，将来做事能以南开精神成功者，即“为公”二字。为人须志其大，何患于冻馁。余见夫今日之青年多学今日外人之谋利，而不学昔日外人之牺牲。愿吾人皆学昔时有建设国家能力之外国人。如此而国家能亡者未之有也。余年渐长，见事较为清晰：君等少年英发，即为建筑新中国之人物，不见西乡隆盛之铜像乎？亦当年英挺少年建设国家之人物也！余望将来之成功，亦如数月前预定此会，抱定伟大志向，本理想以求实行，并望精神团结，时时警醒馨香祝之。此次我等赴美必组织南开同学会，以期联络焉。

（原载于《校风》第 74 期，1917 年 10 月 15 日）

# 教育宗旨由本国情而定 *

题旨：一中学之办法（活、动、长、进）；二大学之筹备；三实业之提倡。每次开学，均有演说。而此次与往者略有不同：

（一）予告假一年半，今方接任；

（二）正计划将来的进行。

前中学成立，在予同严先生由日调查教育后。今先生又极力帮同筹款设立大学，亦正在予同先生由美研究教育来。今方欲用半年工夫，审慎筹备此事。此时可谓南开新纪元。

前二次办专科，无如今日之筹备，亦幸而未成。如果成立至今，亦须改变。以其有许多未妥处，而此次则较有把握。

今所欲言者分三项，其轻重繁简，各有不同。

（一）关于中学之做法十之七。

（二）关于大学之筹备十之二。

（三）关于实业之提倡十之一。

---

* 本文是 1919 年 2 月 14 日张伯苓在南开学校第二学期始业式上的演说纪要，由幸蒙记录。

## 一、关于中学之做法

办学校须有宗旨，亦犹盖房者，心中须先有草图，用何器具，得何成效。

先时尊君尊孔等，后来全个仿日本，均非其道。现在欲求宗旨，须从反面着想，如同：(一）需造哪类人；(二）当用何种方法。于此须知者：

（一）本国政体（需造哪类人）；

（二）人民情形（当用何方法）。

知乎此，然后再定教育宗旨，是以教育宗旨不可仿造，当本其国情而定。而所谓国情者，又太泛太 General，令人不易捉摸。兹再例述几项易于捉摸者：

（一）世界文明国多活泼，吾人太死。

（二）世界文明国多进取，吾人好保守（按此当提倡自动）。

（三）吾人多知自己及家族，而思想眼光多不知社会之必要〔按此当提倡使国人有社会的自觉心（Social Consciousness)〕。

（四）国人好做消极的言论行动（当提倡积极精神）。

以上所言，不过四项，已经比徒言国情者易于领悟。然此不过是目的而已，目的使之自动进取，等等。但欲达此目的，需用何种方法，如使学生有机会，在学生中及团体中做事，即练习社会自觉心；又如使学生自谋其前途事业，即练习自动心。凡此愈说愈近，已经易于领悟多了。

凡此种种，予愿同诸位师生共同勉励，用南开做一个试验场，以长以进，就是民主的精神。

予末后告诉诸生，易懂易记的四个字，就是“活—动—长—进”。按此四字去行，自然可以得生命、经验、方法等。

## 二、关于大学之筹划

前此办过专科二次，好批评者，有谓为维持本校运动计而立专科；有谓为维持本校新剧计而立专科；又有谓为校长名誉计而立专科者；若此均不待辩论，识者自知。究竟办大学与不办大学比起来是难是易，于此亦可了然。予前给在美留学生将来本校大学教员凌冰去信，告诉他将来在这办大学，是一个很不易的事。这因为予由美来华之先，即曾同凌君谈到办一件新事的困难，而此次无论如何，必极力去做。意者或谓，南开中学已千余人，事业非不盛，主其事者，何乐不可休息休息！亦知此种思想已十分腐旧。教育的事业乃进的，又安有止境一说？先时教育为扬名声，显父母，而今日则迥乎异矣！教育为社会谋进步，为公共谋幸福；教育为终身事业（life work），予于此至死为止。所以必立大学的原因：

（一）现在教育在别一方面言，即使青年合于将来社会的习惯，加大学即将其习惯加长，使造成益形坚固之习惯。

（二）中学毕业后，直接在社会上做事不足，故需有大学的培养。

此外，仍有一个次要的原因，即国中国立的、教会立的大学，虽是不少，然而真正民立的大学却不多见。须知今日中国所以幸存者，多半是因为世界的舆论帮助。然而吾们亦当教世界知道，吾们国民能做点事，所以这亦是旁边的原因。

至于大学的筹备：

（一）人才方面，有凌冰先生，并转在美约请数人。

（二）财政方面，予此次至京，各界均有意帮忙，并见南开旧同学尤极高兴。严先生已预备至各处捐款。本月十五日，为此事在校内开一乐贤会。

## 三、关于实业之提倡

先欲劝大家省钱，合力去做买卖。凡本校师生所用的东西，均由本校师生自己去做，自己经营。这个意思就是想引着大家省钱，并注意实业。以前有思想的人，多半不想实业；而办实业的人，又多半无思想，这样如何不贫？是以以后想有工场、有售品处。大家合作，人人有份。

予今日所言者，无不许如何、不准如何等消极的报告，唯望大家一齐努力，共跻于成。

（原载于《校风》第 117 期，1919 年 3 月 18 日）

# 本学期之政策

今日为本学期之第一次修身班。本校修身班向用演说。主讲人大半为校长，亦时邀名人演讲，如上期全大夫之演讲卫生学、钱得洛先生之演讲印度状况是也。本期拟稍更前例，除校长外兼请专门、中学二主任及诸位教员并各名人演讲。内容则分为时事、训言、报告、名人演说四种。

吾人对此起首之时应作如何思想？吾尝思之，于四书中得数语焉，曰："凡事预则立，不预则废；言前定则不跲，事前定则不闲，行前定则不疚，道前定则不穷。"诸生于个人之学业，开学前曾预思之否？当夫中日之战，日本得胜；及日俄之战，日本又胜，胡为而分胜败？盖一则于事前筹划尽致；一则临时仓促，其胜败之机不俟战后而可立判，此其一例耳。推而演之，何事非然。诸生非小学生，有脑筋，能思想，即宜各就自己现状预为思之。语云：尽人事，听天命。盖世界上最易失败者，即毫无思想之人类。预算者虽未必尽能成功，然不预算者之失败无俟龟卜。今就诸生应预算者略为计之，优等学生闻而行之，劣者遗忘之，善者或能因吾说而进一步思焉，是在各人之自省已。

（一）对于课程之预算　第一，勿旷课。读书之秘诀，曰"时时温习"。人生最不幸者，即求学期中发生疾病，因而误课是也。疾病之缠身，匪唯书不克读，即寻常治事，亦无精神以副之。青春几何？设使大好光阴，尽消磨于病中，其困苦为何如耶？第二，每日之课程应温习完毕。今日所授之课程，今日温习之；本星期所授之课程，本星期温习之；日日无压积，则对于课程觉有余裕，而自能时时复习矣。一日之光阴，恰如银洋若干元，设吾人数元在握，必预思此元何用，彼元何用？一日光阴何莫不然。宜预思此时做何事，彼时做何事？每日各事做成。一好习惯，即将来之一好人格，一有用之学生。第三，宜择自己较弱之课程而补习之。中学课程为普通学科，人生不可少之知识，退而处世应用，进而求学专门，非有中学之普通学科基础，断无成效可言，则学生之对于各科有求全之必要矣！

（二）对于体育　体育一科现时急宜注意。体育发达非啻身体之强健已也，且与各事均有连带之关系。读书佳者宜有健全身体；道德高者宜有健全身体。其练习之方法，正课则有体操、徒手体操，余如各种运动，庭球、筐球、足球等；器械运动，如秋千、天桥、手桥、木马、平台等。个人宜择性之所好者一二种，定时练习。二则卫生应加检点，而实行一端，尤为重要；如上期全大夫所讲卫生诸事，均宜按法行之，不可稍忽。卫生之中饮食最为重要。人当少年时胃口发达，所食反较成人为多。因食物非仅供其身体之需用，且资助其身体之发达也。而普通少年，大半以其胃口之发达，遂随意进食，毫无节制，乃伏后日生病之机。即以余为例，少年时曾信口乱食，今则胃中受病，消化不良矣！诸生宜鉴此实例，幸勿谓吾未身受，遂不加检点也。人所最难行之事即为制欲，是盖天地间之固然。卫生之道，非仅对于全体，即一部分之病亦不可稍忽。设耳、眼之一部受伤，全体功用因之失效。某君曾演说一最恰之比例云：长铁环一下系重物，一环损伤全体坠矣！盖身体各部虽各营独立之功用，而对于其余则有相互之关系及于全身。再则恶习宜戒除也，烟酒等习为青年最易犯者。今日为本学年之始，诸生青年为一生之始，自今日起，斩除恶习根株，与之搏战奋斗，易事耳！人生唯患不立志，语云“有志者事竟成”。诸生其三复斯言。

（三）对于各事之进行　本校于课程外，组织各种学会团体，以为学生练习做事之资助。有种学生，做事虽善，然所担任者太多，以致误其课程，此大非也；又有学生，专事读书，日夜埋首，除课程以外之事，毫不过问，此又非也。诸生今日之服务于各会，即练习将来做事之基础。若徒谓吾来求学，只知读书，其奈闭门造车出户反辄何？总言之，宜使课程与做事，互相调和，勿使有过长、过短之处斯可耳。

（四）对于经济之预算　吾尝闻人谓本校为贵胄学校，此语诚非过当。本校人数众多，纨绔子弟自属不少，衣锦绣，食膏粱，骄奢性成，任意挥霍，唯知金钱之任吾需用，而不一念其祖父创业之艰。须知学生时代为受熏陶锻炼时代，而非享安逸时代，此时作成节俭习惯，则异日任处何境，自无不能忍受之意矣！校中如膳制甲等外别立乙等，以为学生节俭之助，行后颇著成效。其余凡可减省者，则减省之，勿谓吾有祖父资财，而毫不节制也。凡上所述，皆学生生活事务，而决不可不预算者，诸生来此求学，更何能贸然前行，而于己身各事，毫不思索？今日预定前程，努力实行，何患乎学之不成、业之不就耶？有志诸生，宜知省矣。

本校数年来增长颇速，计初成立时教员学生共六十余人，迄今有二十载，而职教员已胜昔日全校人数，学生且二十倍于前焉！此数年内之增长，殆如十五六岁之童子，身体正当发育，速度极高，而其中则不免有一部过长、过弱之处，因之颇不类人形，及过此时期，则发育完全而身体强健矣。故近数年来，本校之增长虽速，而于坚固一层尚觉稍差。本期之政策，即关此的去作，使各事均有一定之秩序，英文“system”之意是也。黎大总统就任之言，曰：“将中国作成一法制国。”本校政策即将学校作成一法制学校，总不使一人之去留影响于全校，如古籍所云“人存政举，人亡政息”之意，则可耳！各事既有秩序，则无论何人视事均能依旧进步。其能力强者能扩充之，虽较弱者亦无退步之虞，使之坚固永久，斯本期之政策也。兹分述之如下：

（一）校长之责任分担于校董　本校昔年曾请严范孙、卢木斋、王益孙三先生为校董。本期拟扩充校董人数，假中徐菊人先生来本校参观，现时已请其担任此事，并蒙允诺。此外，拟再邀一二人任校董职，并实行参与本校重要事务。如此校董既负一分责任，则校长之责任减轻，而全校事务不致交于校长之一身矣！

（二）校长之下分专门、中学二主任　本校近年发达称速，同时又创设专门科师范班，故一切事务自倍于曩昔。自去岁已增中学主任，今复增专门部主任。以后凡属中学班各事可向中学主任询问；专门班各事则问专门部主任交涉。斯权限分，而事易举。

（三）校务分掌　职员中分管理、庶务、体育三课。各有课长、课员，其余各事并由诸教员帮助，分国文、英文、图书、学会、体育、学校卫生、音乐诸股，各司其职，各理其事。校长既不过劳，校事亦有秩序，而进步自易矣！

（四）定时做事　本校昔时人数较少，故学生有事无论何时均可问职员接洽；现全校人数将及千人，若仍用此法则恐诸职员有应接不暇之势。故拟仿本校会计处办法，每日有一定时刻接洽事务，在职员既可得暇休息，而学生又能养成秩序的习惯。诚一举而两得矣！

（五）对于各会　亦用本校政策，勿使增长过大，而求其精神坚固为要。

（六）对于各报　各出版物均请国文教员赞助，内容则取其精华而辞其繁冗。

（本文为“修身班校长讲演录”，由常策欧笔录。原载于《校风》第36、37期，1916年9月4、11日）

# 欢迎校董，与南开共长进*

今日开会，其宗旨：一方为欢迎校董，一方为得与学生家人联络，而其主要意思则在长进。

今日次序，上午为展览会，此刻为乐贤会，晚有新剧以助余兴。予今借此得与诸位家长谈谈。今日到会者千余人，若一一面谈，殊难周到。诸位若有所见亦请随时指导，本校无任欢迎。

诸位已看过东楼上其第一室为校中历史，表明本校当日如何渐渐长成；第二为学生手工室，极简单，不过学了半年，成绩颇不足观；三为出版室；四为体育室；五为学生之组织及学校办事法；此外有讲室、饭厅、宿舍、会所、义塾，等等。诸位如有未看完者，明日下午二点仍可来。

当诸位看本校历史时，即知本校发起在严先生家里，现在中学已成立十四年半。再往前说，则在二十一年前，即戊戌变政时彼时无所谓改良，严先生由贵州学政返津，倡议改科举。其时予即在先生家教其子侄六人英文、算术等，后又有王宅书房数人与此合并，遂于光绪三十年改为中学堂。堂中共有学生十三人，此即十四年以前事也。后集款建此，学生渐加，现在有

* 本文为 1919 年 2 月 15 日张伯苓在南开学校乐贤会上对学生家长的演说词，由幸蒙记录，标题为编者加。

一千多人。此校纯是私人对于教育热心办起来者，起手捐款为严、王、徐诸先生，后渐长，乃加入省款，亦因有官立学校学生归并为此故也。

敝校办理不周之处，在所难免。而敝校所最注意者，即教育方法，彼时学校初兴，办事多主严，致风潮迭起。此点本校所主张稍有不同，盖纯严则压制学生使不得长，而学生此时正在长进之期，岂可阻滞。孩童当五六岁时多好跳跃奔走，如吓之不使动转，殊碍其生机，结果则一班人身体多不强健，或谓如任孩童随意奔跑，恐有损筋折骨之险，然而绝不当因此即使之不长，而当设法使之跳而不至损骨。盖如在此五六岁时，不顺其天然使之长，则成人以后虽欲不能矣！近闻有因家中孩童由小学放学甚早，嘈闹不堪，于小学功课以外下班后仍送之于塾师，以图省心者，殊不合于生养之方，仅图省事不顾幼孩之长进，贻害无穷。此关于教养幼童心理生理二方之极简道理。

中学时之学生，正在发展集合性及做事心之际，是以多好动。教育家当于此时因其势而力导之，为之作种种预备，若竟图省事，则此时少年丢去许多长进的机会。何以国人外交屡屡失败？无团结力，即少时无练习之故，至长成做事，于社会为软弱，见外人则摔倒，如今亡羊补牢，正当使青年顺性发达，以练达其做事心及团结力。凡无害之事，则放心使之自由发达；而于坏习惯则丝毫不容，如烟酒、嫖赌等事，犯者绝不宽假，至二十（岁）以后理解可以胜嗜欲，自然可以无虑矣！外人每评论吾国人无团结力，如散沙，好自争，是固然。其缘故因吾辈年幼之时，即无此种练习，比长成至社会再去练习团结，抑亦晚矣！

向者，人多以到学校为念书，其实学校的意思不止于此。到学校当学生活之方，当学共同生活。如只念书而不会生活，则非徒无益，而且有害，是以当随时使之做事。起初亦有小争，以其幼时自私之念尚未消融，而渐渐则极有秩序。对于此点，予不能不感谢诸位（对学生家长言）。子弟之良善，予亦敢以此十四年之经验，证明吾国人可以往民国去做，更由此可以报告诸位，中国是有希望。

此外尚有关于学生之事数项，欲向诸位家长面谈：第一，即关于钱财。本校章程，入校时均使之写账。此种习惯极需养成，即便钱多，亦当知节俭之道。诸位可按报告与学生算账，于此亦可助学校之不周。天津地方，如三不管为最不清洁，本校特派人在彼处巡查，凡有犯校章者立即革除，于此不能不严。至二十（岁）以后，好习惯已成，即无需监督自然亦不至错步。而家中人往往因子弟一星期在校用功，至星期日则纵之使消遣于恶劣之地，学校六日建筑之功，每因此一日遂至破坏，是以格外请诸位注意。又如娶亲一事。本校定章，不至二十一（岁）不得娶亲，违者革除。早婚于学问、进步、道德诸方面均是有损无益。其所以早婚的原因，大概多由于祖父母或父母欲多得一辈人。是固然。然而得一辈伤一辈，究竟何益？有时学生因早婚为本校察觉即行革除。家长来言亦无法通融；或谓定亲已久，至今不能不娶，固属至理，而鄙意亦深望诸位家长勿早为子弟定亲。就中仍有琐事甚多，恐不能一一向诸位面谈，如学生告假一项，本校亦事事从严。用电话不能告假，必须有相当理由及信。如随便使学生告假，即使之多一说谎机会，于将来极有影响。本校如查得其人作假，亦无大罚，申斥之而使之知所悔改。盖犯过之人未必均是坏人，大多由于习惯或由于软弱。有病，所以当可怜，而不当过斥；过斥亦往往无效，如得其病源而告之使改，其人更爱服，往往流涕誓改。是以教育当防其有过，而于已经有过者更勿记恨其过，当设法使之改悔。

此外，凡本校有不周之处，切请时时指示。前者有学生家长因学生所着大氅无处放置特来相告。同人颇感其言，即于东楼旁设法匀一通学生存物室。虽多用一人多占一屋，而为学生方便亦所不辞。然往往因经济的限制，不能事事满意，但能为者必尽力为之；若能得诸位经济上的辅助，尤极欢迎。

此次到美，愈觉现世为民主发达时代。而吾国所处与此主义正复相合。现在世界已将强权打消。当鄙人走时，东邻极强，诸多欺侮；而今世界帮助当无多虑。然永仗他人帮助，绝非其道。是以须自造民国，而教育事业益不可缓。现在大家商议借着南开做一大学。或谓左近已有北京、北洋及教会所立大学，无需再多此一举。其实不然，教育无嫌其多者，但看学者多否，如学者多则可加多。美国学校各有各性质。本校性质纯为私立，在做成由人民所立之学校，现在筹款筹地，著著进行，事事多仗人民私力。即徐菊人先生虽为总统，终为本校旧校董，亦系一人民资格。

诸位均知南开为私立学校，有先生，有东家，当日由严先生一人当东家，已有如此进步。若诸位者今日均为东家，则前途益觉光大，所以敝校对于诸君有无限欢迎。

（原载于《校风》第116期，1919年3月11日）

# 香山会议之议题*

余在各地学校常与人谈中国教育，越办越糊涂。吾常言，读书可赚钱，只不可赚混账钱；读书可求个人之生活，要（更）求大众之生活。……如此做法，要自问是否与教育宗旨相合？是否与教育学生之目的相合？……试问学校之设施是否合乎国家之需要？对于学生之输入，是否合乎社会之需求？造就之人才，是否将来有转移风俗、刷新思潮、改良社会之能力？若曰不能，是自小视教育也。……若仅为个人增加知识技能而办教育，则教育神圣亦不足称矣。吾人……实具一改良社会之希望，因此次休课之暇，乃举行香山会议。……以慈幼院为开会之所，列席者有本校各课主任及各班学生代表数人，借此以征求各班学生之意见。

此一段话，说香山会议成立之历史。在香山前后一个礼拜，所讨论者凡四十议案。精思细想，得有此一大结果。吾不得不感谢诸列席者，研究心之富，办事心之勇，为吾南开辟一新纪元、开一新道路、建一新楼台。

此四十议案中，有讨论有结果者，有讨论尚须审查者，有讨论未有结果、待此半年继续讨论者。其中最要之点：

---

* 本文是 1921 年 3 月 4 日张伯苓在南开学校全体教职员会上的开会词。由陈文波记录，标题为编者加。

（一）校务公开。学校一切事，不是校长一人号令，应大家共同商量，所以要大家同负责任。有了此种力量，才能一致地奋斗，况教育目的，不是饭碗，安有高过此的意思？若要达到这种意思，非得全体一致的动作不可，所以校务要公开。

（二）责任分担。全校师生既是都负责任，必须认定自己的责，尽了自己的职务，才行。史稊芬有言："绝无一时就好的事，非得除了自己病不可。"我们在教育界做事的，没有贪的机会，但觉势力犹小，要广造新青年才行。然而若造新青年去改良社会，绝不是在书本上就行的，非得以身作则，用精神感动不可。

（三）师生合作。此项绝非空说即行，我们此次到西山，有学生十几人。当时学生中有说学生同去，恐于说话不便。然既同往时，大家一齐讨论，一同饮食、居住，精神是非常之好。盖无形之中即能感动。此后即将此种精神推于全校师生。吾得有暇，以办筹款事务。至于师生校务研究等会，已有《香山会议报告书》，兹不赘书。

（原载于《南开周刊》第 1 期，1921 年 4 月 1 日）

# 本校教育政策*

上星期六晚，曾到校内校外、各处宿舍看看，若干的少年人从远方来，在这里求学。要是有年纪长的人，常常同他们谈谈，可以帮助他们长进，亦可使他们安慰快乐。可惜近来校中人太多，无法一一亲近。在当初二三百人时，予于全校学生，都能认识，并可略道其家中事。

该晚与学生谈时很乐。见他离家来此，颇有志气。以前所谓各省的学生，大半都是各省的人，寄居京津的。而近来从安徽、山东、山西、广东、江浙等省各处来的学生，多半是由本省一直投入本校。这些人都能舍家远游，必定有志气。家里肯供给到此来读书，必定有造就，所以愈看愈乐。我就问他们各处的学生，因为什么到这儿来？有好些人就说，他本省学校办得不好。这些人既然来到本校，志气极高，将来必有为领袖的机会。其中虽有一二人目的未定，然而有目的实居多数。其目的都是很可尊重的。

诸生既到本校来，须知本校亦有本校目的。人类所以比他类强的，就是他可以用方法去达到他的目的。本校要师生合起来，去达到两项相连属的目的。这就是本校的精神，亦可说是本校教育政策。这两项就是“理解”跟“自由”。

---

* 本文是 1919 年 3 月 5 日张伯苓在南开学校修身班的演讲。由幸蒙记录。

所谓“理解”者，即一切事，不使学生专仗先生去推。当认清理解，自己去行，意在造出一班自动的人来。果能按理解去自动，即完全给以“自由”。近来自由几为社会的诟病，然而予不但不以为病且欲多讲育。怕者无理解的自由。若有理解，何故不给人自由呢？！

（原载于《校风》第119期，1919年3月31日）

# 寄语出版部：定准方针向前走 *

香山会议后，全校各组织均向进步方向发展，而学校进行之目标，亦即欲经一次之变动，求一种之长进路程。在出版部方面，则比较帮助学校为多，此就以往事而言颇可满意者。若于未来则尚有一事，请诸君计划，即值此思想界革新之时，我校适经过此路程。此后即宜如何想方法使之进步，吾忆杜威先生曾说："吾人在社会上须能应付环境，然后踏定足跟，自己造新环境。"此所谓活人活组织。今日吾希望于出版部者，亦即能定准方针向前去走。俟假期后，再合大、中两部新来教员及特材生想方法利用此出版部，领全校千余人以正路，不受外间之被动，寻自己之方法。

（原载于《南开周刊》第31期，1921年6月9日）

---

* 本文是1921年6月2日张伯苓在南开学校出版部联欢大会上的讲话，标题为编者加。

# 事无大小，全在精神*

## ——南开大学第四学年始业式演说词

今日为我校大学部成立第四学年第一学期的始业式，吾略备数语与诸位同人和学生一述之如下：

南开大学系由中学部所产生。吾犹忆十数年前南开中学始成立时，天津中等学校同时而起者不下七八处，如官中、新学、长芦、明德、私二、私三等皆争胜于时，而至今存在者已无几。若发展由数十人、数百人，以至千三四百人者，则更稀矣。此中消长情形，固有幸与不幸之分；而南中办事诸同人和学生笃信教育万能之梦，至处此经费极困难情形之下，仍能煞费苦心，竞争不息，亦可大增吾辈办学之信心矣。然非即以此为满足，中间亦屡次欲提高学生程度，如开办专门班二次，皆以经费无着与章程所限等原因而停止，致将学生转送他校，至今犹以为憾。现大学成立虽逾三年，而其始亦几经波折，始克继续发展至有此小小之成功。此数年间与吾校同时而起之大学，如东北、西南、东南、河北、鄂大及厦门等，皆耸动一时。而至今除东南、厦门与南大三校外，他将成为泡影，或至今尚未实现。东南与厦门两校学款尚裕，可望持久。吾校经此三年之试验，学生由数十人增至今三百数十人，与前相较，增且数倍。以学生言，可谓幸事者一。年前以校舍狭窄，难

* 本文原题为《本校大学部始业式校长演说纪略》，由刘炽晶记录，标题为编者改。

以扩充。今得津南八里台广地数百亩，以充建筑校舍之需，第一处楼房一二月即可告竣，则第一班毕业诸生，明春定可在新校址举行毕业典礼，当不致再有转送他校之虞。以校舍言，可谓幸事者二。吾校经费自中学既感困难，然从未以此而中止；今大学经费，三年来亦不充足，不久将再事筹款，或可望有成效。且美国煤油大王前所捐之十二万五千元科学馆助费，亦可望领到；则今日理科诸生明春当能得大科学馆之享受。以经费言，可谓幸事者三。此外，大学最要者即良教师，现在座诸教授，皆一时之硕彦，从此教诲得人，诸生受益，当非浅鲜。以教师言，可谓幸事者四。

以上乃数年来吾校成立之历史与此后进行不已之计划也。然年复一年，茫然计此者何为？此即吾南开大学教育目的何在之问题。吾将借此机会为诸生约略陈之。

吾族自有历史以来，世世相传，从无过极困难之时期，如吾辈今日所身遇之甚者。盖前此所谓之困难，乃一族的，一事件的，甚或一二年的。今吾辈所身临者乃外界潮流突来之打击，未及应付，即将吾固有之环境打破，以致标准丧失、是非混淆，社会泯纷之象日甚一日。究此原因，即所变者过急，国人莫能定其新环境以抗之也。故外潮一入，民气全失；长此以往，黄帝神明、华胄，将何以堪？于是忧时之士，始也希冀袁氏帝制推翻后，则一切泯纷之象皆可迎刃而解，全国上下就可好了。既袁倒，而泯纷之象如故；于是又转其希冀之点于张勋复辟失败、于安福失败、于直奉战终等，而前此泯纷之象至今仍如故。“就好了”三字之梦乃大失其信仰心。然则此问题将如何以解决？吾无以答之，唯求之于南开大学教育。

约翰·杜威（John Dewey）于其《民治与教育》（*Democracy and Education*，今译《民主与教育》）一书中，前四章论应付此种外力之法最精微。谓当一新环境之袭入，须先自定方策，即有一种“动机”，以应付外来环境之逼迫，以与之较胜负，继续不已，以至终身，始克得胜。今吾华民族所最缺乏者，即此种有“动机”而能引领全族出此迷津之领袖。南开大学即造此领袖之所望。今日在座诸男男女女，一秉此心，自强不息。

总以上所言，此次大学成立之动机系第三次之试验，此后将打破艰难，永无止息。至成立之历史，则一由外界之帮助，二由内部之增长——校舍扩充，学生增加，教授得入——而教育之目的无他，在求此解决吾华困难问题之方而已。此问题吾知非一时所能解决者，然“百尺高楼从地起”，事无大小，全在精神。《圣经》有言：“对小事忠心者，对大事亦必忠心。”故吾敢语诸生，凡事不在成功，不在失败，只视其如何竞争。今吾辈既生此时艰，万勿轻视自身，须记汝“责任大”，“机会好”，志向一定，前途正远。人谓南开今日虽小，后望方长。他吾不知，吾唯知“穷家子弟咬牙紧”“生于忧患，死于安乐”“天将降大任于斯人也，必先苦其心志，劳其筋骨……”望与诸生共勉之。

（原载于《南开周刊》第41期，1922年9月28日）

# 改造南开 *

本校自逾千人后，因地址不足总未召集全体集会。今日因要事不便分两次报告，乃召集一次全体集会。女中部已于昨日集会，明日尚拟至大学部作同样之集会。

此次集会之目的为“改造南开”。此语骤闻之似无甚意义，盖年来本校气象颇盛，尚何改造之可言？殊不知本校至本年十月十七，虽已届二十周年；此二十年中，本校虽已能排除一切困难而继续进步，而去岁暑假，遇前此未有之巨大变动，本校舍由一而分裂为三。去岁即分力于大学之建筑迁徙及一切新组织。而女中学亦适于暑假后创始，其困难实较以前为更甚。盖辛亥学潮，直皖、直奉诸役，虽皆影响及于学校之发展，然其势力皆自外来，远不及此次因自身扩张而生者之重要也。至于今日，已历一学期，诸种困难幸均已平安渡过。以言经济，至去岁年关，虽亏款三十余万，自可陆续归还，即万不致入于无办法之途而已；至于精神方面，则实不如预料所期，今既已渡过经济难关，乃充多注意于精神之整顿。由此可知，南开学校之所以改造，其一因有改造之余地；其二因有改造之余力。日前曾有一学生家长对吾言，谓将学生送入南开，即答放心。吾即答以吾辈即因之不能放心矣。此

* 本文是 1924 年 2 月 21 日张伯苓在南开男中学部全体特别集会上的谈话，标题为编者加。

亦可谓改造之一因，即永不自满而使之常常在改造中也。

吾尝闻人言，学生对学校总不能满意，此语殊难索解。岂学生与职教员之利害正相冲突耶？吾以为教育之目的为一致的。学生与职教员其利害苟一相对，则必系一方面认错此方向矣。试就学费一项言之，初似为学生与学校之利害冲突点。然苟能财政公开，则自能相谅矣！故吾以为改造之最重要方法，即开诚布公而已。盖冲突每起于误会，若学校办事之认真、教员授之毫无假借等，每为学生所误会，以为故与彼等作对。然苟解明其故，自能涣然冰释矣。吾印成建议书数千份，当分之全校师生校役，以求收集思广益之功。诸生可各思有何种建议，即偶有错误亦无妨，盖吾借此更可使诸生得一自省之机会也。女中学部因团体甚小，诸事多能自治，故一切情形均差强人意。男中学部团体虽甚大，然亦可分班组织自治会，不然固不能及女中部，且学校亦无能为力也！

吾前已言，改造之要点在"诚"。以吾之经验，人苟欲有所成就，盖亦无地无须借助于"诚"。本校中之青年学生，亦必因此字而得进步。且此种建议书可对学校，亦可对自身。例如思自身有何可改之处及改革之理由，再及于改革之方法，不自欺，不松懈，道德学业自皆可日进矣。总之，本学期全体师生，均能有一种改造之新精神，然后本校之前途乃克有绝大之希望。愿共勉之。

（原载于《南开周刊》第 84 期，1924 年 3 月 1 日）

# 振兴实业，增进物质文明 *

近日在中学所收议案，其可行者已立刻实行，其尚有讨论之必要者，已交人分别管理，预备仔细讨论，故建议结至今日暂行停止。俟讨论完毕，作一结束再重行征集，庶不迟延过久。唯此次议案中，有一系提议将校后臭水塘填塞，恐系不明本校历史之故。

盖本校当未设立时，有德人汉那根者与三数中国人在天津设地皮公司，其与地方官所订条约，系将天津城拆毁而从西头掘河一道，经德租借地而达海。当时本校校址附近多系津人坟地，亦被该地皮公司划为已有，强迫将坟移徙。有郑姓者，虽以势不敌将坟移走，但不甘心将地归该公司，即赠与学校。当时余以学生尚无球场，即以该地充之。德人闻之，出而阻挠，经过无数交涉，后余与该德人面议，结果德人另赠本校地一块，此即本校现在校址之一部分也。后该公司所预拟凿之河未能成功，乃将天津城中概造暗沟，天津城市之污水乃皆集于本校后之水坑。现三不管附近，昔因地中甚低，居民欲在其地建筑者，即借掘鱼池为名，将地填高，盖所以避免官厅干涉也，结果各水池亦皆变成污水池矣。近闻津人在从事于运动，将与本校旁小河相通之河在海光寺设闸，时时将污水换过。结果则本校后水坑之臭气或能减轻不

---

* 本文是 1924 年 3 月 13 日张伯苓在南开中学高级修身班上的演说，标题为编者加。

少。总之，此水坑现时实无法使之填塞。吾校同人唯有练习忍耐之法，盖在此种情形下亦无可如何也……

本校大学部近日有几种极巨变化：其一为评议部之成立；其二为商科学生之组织学生会。此会余对之颇尽力赞助，盖自吾从美洲回国，知中国现在之要，首在增进物质文明，不然，则为世界进化中之落伍者，欲图与之争衡不可也。然增进物质文明之法，吾以为不在提倡科学，而在振兴实业，财赋一足，则自能从容从事于科学之发明矣，此点由各国之历史及现状均可证明之。吾今岁内校中诸事均已妥协，乃努力于此。此商学会凡商科学生必须加入，出校后仍与此会发生关系。吾愿三十年后南开学校之商科学生在中国商界可逐渐减杀外人之势力也。

（原载于《南开周刊》第86期，1924年3月15日）

# 当前的时局及南开的训练方针*

近日时局不靖，国人因相习已久，未尝稍生恐惧，致妨事业之进行，此亦可谓民识之一进步。此次变乱之范围，果将如何扩大，此际尚不敢定。然无论如何，其均不足以解决中国之根本问题，则是吾人所敢断言者。江浙诸省及北京方面之教育界所受影响颇巨，言之可痛。再北京之私立大学，近日数目顿增，夷考是实，则大多数乃专为欲分润各国将退还我国之庚子赔款。但吾人从一方面观之，此种现象之存在，固由于各省中等教育之不良，或由于政府办理大学教育之不善，或范围过小；然深一步观之，则可知皆由于国内政治之不良，不然，则此种反常之事实万不能发现也。美国因退还中国庚子赔款余额，已派专员孟禄博士来华。孟禄氏之预定，本拟速将管理此款之中美委员会举定，其中美国五人、中国九人。但现仍未能将人妥实举出，此种迟延不决之习惯，真为中国人之病根矣。

国内武人颇有主张，以各国退还庚款筑路，然后再以路政收入充教育基金者，其言未尝不能成理。然按之国内已成各铁路营业并不赔偿，其赢余果归于何处？彼等又有谓筑路可以助国内统一者，然按之实际，京奉路固早已通车，何近仍与政府俨然成对乎？总之，年来武人盛倡武力统一，至于今日

* 本文是 1924 年 9 月 11 日张伯苓在南开中学高级修身班上的讲话，标题为编者加。

之情势，几非用武力不可解决亦可悲矣。

值此等混乱之际，本校尚能安稳开课，实属大幸；然因之乃发生一最重要之问题，即解决中国之时局果需要何种人才是也。盖吾人于此际既不能决然助何方，则必须养成将来解决国事之人才，其事甚明。然训练之方法何为？中国最需要之人才系建设者乎，抑破坏者乎？以吾现在中国现状一部分需破坏，一部分需建设。于是本校训练之方针，乃专注意此两种人才所必具之基本性质，约言之可得三种：其一曰，志大而正；其二曰，具胜困难与试绣之毅力；其三，为永远进取之精神。此外尚有一种特质，曰创造的精神，其重要尤巨。然此种特质只能于少数特才者见之，殊不能如其三者之希望于每人也。日后得暇当一详论之。

（原载于《南开周刊》第98期，1924年9月29日）

# 社会调查的目的和组织 *

时局到今日，可称混乱已臻极点。北有讨赤之役，南有川湘之战。欲求和平安宁，在最近之将来，恐难达到目的。但吾人不能以混乱时局而消极，更不能以战争频仍而自馁。教育事业，既关国家百年大计，尤应督促进行，奋自勉励。吾人今固不能止武人之跋扈，无谓内争之循环，然吾人固足假教育青年之伟力，防后来之种种变乱也。是以时局愈混乱，吾人愈觉责任綦重，而于教育事业之信心，亦愈加深焉。

本校自成立迄今，已逾二十一载。人数合大、男、女中三部师生计之，亦已超过二千四百余人。校中财产基金及经费，虽云拮据，然撙节省用，亦颇可勉强度日。此固非当年创办时所得梦想及也。校外各处人士，鉴于校中历年成绩亦咸加赞誉及助益。吾人试披阅学生之籍贯，见其远如海外华侨，蒙、察各处居民，咸不惮跋涉相继来此就学，可觇本校虚名久已远播。虽然，吾人即可以此自豪，妄自满足耶？若然者，则吾人之所得进展者，尽于此矣。吾人唯不甘以现状而即自满足，故时欲奋勉改进，借臻完善之域。如关于学生生活问题，谙习社会情状问题等，先前虽稍曾置议，然并未实行解决。兹自暑假后，拟创一新组织，专解决上列各问题，而以调查或视察天津

* 本文是 1926 年 8 月 10 日张伯苓在自宅召集服务南开诸生报告“本学期调查视察之组织”的演说词。

各界问题为其总纲目，此种新组织之目的，有下列数种：

一、培养学生实际上之观察力。吾国学生最大之缺点，即平日除获得书本上知识外，鲜谙社会真正情状。故一旦出校执业，常觉与社会隔阂，诸事束手。欲免此种弊病，最宜使学生常与社会接近。若调查或视察各种问题，不特可培养学生实际上之观察力，抑可以换课堂生活之拘郁空气也。

二、明了各界之真正情状。吾人今日虽处兹社会已久，实则其真相如何，吾人殊难详确置答。以若许广大之商埠，而无一翔实之调查及记载，岂非大可耻叹？故吾人亟拟假此机会，做一精确详明之统计，供国内外人士之借镜。

三、使各问题有正当之解决。各问题既明了，然后指示国人以正当解决之途径。此种责任，吾人应群起共负之。

上列各种目的，不过举其荦荦大端者。若云组织，则暂拟分三部进行：

（一）大学部；

（二）高中部；

（三）初中部。

大学部当由各科教授分类领导学生调查各问题，其调查之方针及办法概由委员会决定之。

高中部注重在各种社会制度及机关之调查（如法庭、大商行、工厂等）。初中部则以年龄及学力关系，专注重在视察自然界现象。其组织纯照童子军组织法办理，借利进行，视察或调查之方针及步骤，亦由一委员会定之。其委员之人选如下：

凡职教员之具下列资格之一者，由校长聘请为本会委员：

（一）熟于本地乡土情形者；

（二）于各科任有专职者（如博物、地理、历史诸专任教员）；

（三）对于调查事项具有兴趣，而愿代收集各种参考材料者。

至其工作，以范围所涉太广，此时尚难一一具述。总之，当择其简而易并较重要者，先行试办，并拟先由初二、高一两级做起。

（原载于《南中周刊·南开学校二十二周年纪念号》，1926 年 10 月 17 日）

# 立志、冒险、前进*

现在要将开这个会的意义和我的感想说一说。起始建筑房屋的时候，举行建立基石礼，是西国的风俗。其意义很深，起始好，基础坚固，差不多一半就成功了，后来的种种，也可以本着前进发展。这是女中学第一所校舍，故举行这会，可以说于女中学前程、国家（女）子教育前途，影响很深的。可惜有一位热心教育的、提倡女学的张仲平先生，因事不能来。他对于女中学建筑新校舍，极表同情，允捐建筑费一万元，我们很感谢的！

世事似乎先有空中楼阁，然后渐渐实现。一般人看来不是容易的事，而在我们同人觉得不是很难的。二十余年来同人办理男中学，便是一个先例；大学在八里台建筑新校舍，也是一个明例。开办女中学的动机，首先在十一年夏董事会，那时范静生先生曾提议添设女中学，当时议案虽通过，为了经费种种困难，却没有计划去做。其次直到十二年春，天津各女校学生代表华冰如、王文田等十人，正式来要求我添设女中学。她们的理由是：（一）天津没有适当的女中学；（二）南开大学已收女生，而没有好的女中学做预备，女子想进大学，仍是不行。故十二年秋，决意开办，招初级两班，计七十余

* 本文是 1925 年 9 月 21 日张伯苓在南开女中学新校舍建立基石礼上的开会词。由陈学荣、林懋志、赵克慧、黄宁馨记录，标题为编者加。

人，校舍租用六德里住房，即男中学的第二校外宿舍，再捐到数千元开办费，男中学补助常年经费，女中幸告成立。可是后来人数增多，初中将毕业，女生又有添设高中之要求，外来要求寄宿者也日多，奈何经费竭蹶，校舍无法分配。因此在去年秋，有募款十五万元之计划，以十万元为基金，以五万元在男中学操场之南，为新校舍建筑费。不料今日竟在此举行建立基石礼了，而空中楼阁，不久将为我们讲学读书的地方了，“有志者事竟成”一句话，真可鼓励我们呢！

我回想二十余年来的经过，凭着立志、冒险、前进的精神，方得到今日的情况，不过现在仍向前走着，力求进步。如果南开的学生，每人有这种精神，我想于社会国家，总有些补益吧。

举行建立基石礼时，照例教职员学生来宾各推代表，垫一些灰，这是表示大家合作之意义，望诸位领会这点意义。

（原载于《南开周刊》第1卷第3号，1925年9月28日）

# 今后南开的新使命

这次本校刊印二十三周年纪念特刊，承编辑诸君邀我为文，使我借此机会与校内外诸同学略倾几句想说的话，心里很觉欣幸快慰！

我想诸位都知道我们南开学校过去二十三年的历史，是无日不在风雨飘摇之中。频年经费的困乏、几次灾害的侵迫，都足以致我们学校于死命，陷我们学校于停顿；然而这样辗转患难卒能成立到现在，并且蓬勃滋长，前进未已，这实在一方面是靠社会诸公同情的扶助，一方面是靠本校同人热忱的奋斗。所以在此，我先要对于他们诸位表示一番谢意！

本校成立到现在，在社会上所居地位若何？我想诸位在各方面，当然可以听到看到。但是我们所以能负此时誉，绝不是因为我们校舍比人大，或是学生比人多，实际还是靠我们所产的“果子”品质精良。因为诸君出校后在社会各方都能稳重从事，人格上、学问上，又能奋斗向上，处处发扬南开的精神，随时怀着救国的志愿。这一点我以为正是本校对于社会的贡献，也就是诸君赐予母校的荣誉。所以在此我对于诸位离校同学也当深深表示感激！

我在三十年前肄业北洋水师，当时因为看到国是日非，外侮频亟，觉得要救中国非从教育入手不可。所以就与严范孙先生合创私塾，那时惨淡经营，校舍很是简陋，设备也极不完备，其后历了几许患难，经了几许奋斗，才能扩张到现在这样。为斯缔造经营，无非要想达到教育救国之目的。不过我以前所采取的方式，与现在稍有不同，也可以说那时的方法是没有到十分彻底。因为我以前终以为中国之积弱，是只在我们个人没有能力，所以一切不能与外人并驾齐驱；并且想以我们四百兆之众，苟有一天能与外人一人敌一人，则中国之强就可翘足而待。故一向对于教育方式，都按此目标向前进行。

迨至近来，因经多方观察，觉中国至深之病，实不在个人之没有能力，而在个人之缺乏合作精神。我们且从智力方面讲，许多留学外洋的学生智力何尝真比外人低。学校考试的时候，第一名还往往多属中国人；其次，再从实际方面看，多少经营贸易的商人，致富的本领有时只比外人来得大；然而一谈到国家，他们终是富强，我们终是贫弱，这原因究竟何在？难道仍是我们个人能力不逮的毛病吗？一经细察，就觉事非尽然。现在列强之所以能致富致强，实在是靠他们人民团结的能力；因为他们有强有力的政府，可以做他们一切事业的保障，并且可以凭此与外人抵抗。反顾我们中国，人民虽众，只是一盘散沙，人各为己，凭什么力量能与外人抵抗？我们要以各个人的分的力量，与人家全人民团结的力量去折冲争御，这岂不是以卵击石，终归失败吗？所以在此我觉得，我们中国现在实有训练团结的必要。我们全国人民现在最低限度的希望，是要有一个独立的国家、一个良好的政府。所以我们现在一方面是要使人民有组织的能力、合作的精神，负责任肯牺牲，没有名利之思，不做意气之事，什么事都以国家为前提，如此人才，将来组织政府，才能使政途清明、政治稳固。这正是我们现在训练的目标，也正是我们南开的新使命。所以现在本校对于此点已积极进行，凡校内各种组织都加以特别指导和辅助。

此外，一方面要使人民有政治常识，了然于世界大势，对于各种关系本国切身利害问题，尤当实地研究，如此做去，才能得到真正的补救方法。关于此点，也正是我们南开重大的使命。所以本校现在也已在实地进行。学科方面，现都特别注重学生应有的根本常识。近来更要有满蒙研究会之组织，凭着我们去空谈重实行的精神，我们要把满蒙问题能够实际解决。当然我们中国问题，不只满蒙一个，此外如关税、铁路等，何尝不都是关于中国切身利害的问题呢？我希望我们将来都要把它们拿来细细研究，并且希望校内外同学能够互相联络，多多探讨，这样我们的教育方针，才不至于空虚，我们的救国目的，才不至于妄谈。

最后我还要提醒大家一句话，就是我们应该通力合作、固结团体，实现我们最低限度的两个要求——一个独立的国家，一个良好的政府！

（原载于《南中周刊》第31期，南开学校23周年纪念号，1927年10月17日）

# 教育发展，力求质精*

余本拟于全国教育会议开幕前赴南京参加该会，适中学部四大建筑，只动其二，礼堂及体育馆因建筑费不足，尚须稍待，乃不得不留津筹划，以便早日兴工。加以日来正在进行某项校务，为防夜长梦多，中途生变，故辞去全国教育会议专门委员职，以便在此力行，期能早日成功。

国中大局，日来又有将剧变之势，殊为可虑。近尝觉中国今日之病在缺乏真正领袖，在量太多而质太坏，在一般之散、之弱、之贫、之愚。欲救此病，舍教育外无他术。故今后教育之目标当注重在：（一）造成量大、眼光远之青年；（二）造成真正之领袖人才；（三）养成勇敢、果断、有远见、有魄力之国民。

教育之责任既如是重大，我校又居最高学府之地位，则今后振作精神，继续努力，自不容缓。唯要在能力行师生合作，以共谋校务之发展，养成团体之精神。若因此小团体而不能和衷共济，则将来置身社会，其散漫如故无疑也。

今春在京，曾向教部请由俄国庚子赔款项下年拨二十四万元，补助本校经费之不足。近得复讯，以分配困难，只允拨十二万元，月付万元。我校大

---

* 本文是 1930 年 5 月 25 日张伯苓在南开大学全体同学 1930 年第三次集会上的谈话要点。

学部每年亏数约十万元，今得此款，虽折扣稍大究不无小补，今后又当再谋发展矣。

现计划自暑假后起，理学院添电气工程及医预两系，作今后发展之第一声。此本系数年前之计划，以经费关系，迟至今年始克实现。至文商学院今后亦当不惜巨款，力求质之精，量之发展则须待诸来日也。

教部于春假前派员来校视察，“周刊”曾报告之。其上教部报告如何措词，现尚不知。彼等参观某物理班时，正值该班举行小考，彼等似甚注意。盖一般大学，素少考试之说，教者更不敢以考试评学生。余告以考试在南大实家常便饭，无足为奇，承其称慕不置。国中大学如此，将来何以谈救国？

我校行男女同校已十余年，自今男女之间似仍不能相谅，殊非佳象。甚至有视女同学为可奇，而生种种之揣测及行动，更为失当，且遗女同学以轻视之机，望力矫正之！

（原载于《南大周刊》第 88 期，1930 年 5 月 27 日）

# 我们要振作起来 *

这次去四川，感觉样样都好，真不知说什么好！

简单地说一说此次往返五十多天经过，以后再说将来的希望。

## 一、经　过

我是十一月六日离津，先到上海，在上海参加全国体育协进会，会后去京再去重庆。在京曾召集京地校友举行茶会，是借的周作民先生的新房舍，到会一百二三十人。校友很多，老教授如薛桂轮、徐谟诸先生，老校友如凌冰、凌太太、童冠贤等许多位都到会。谈谈往四川去的目的，大家谈得都很高兴，国事好转，南开同人，大家更要努力。

十六日由京坐飞机飞重庆，我坐飞机的次数多了，倒很舒服。南京至重庆间，天气常不大好，这次由南京到九江，到汉口，天气还很好，在汉口等了十多分钟，听宜昌的报告天气不好，汉口到宜昌，电波就乱了。幸而我早饭没多吃——每次坐飞机都少吃，只吃些牛奶、面包等的，不知吃得少倒好，不怕颠覆。在宜昌又等，听说重庆的雾大，得等电报才敢飞去。

---

* 本文是 1937 年 1 月 3 日张伯苓在天津南开校友会上的讲话。原题是《借着新的转机，我们要振作起来！——寻新的路、想新的方法》。

中航的飞机是美国飞机，天气好才敢飞。飞行的时候，须看着地。到重庆是沿着长江飞，由宜昌到重庆天气好转，重庆的山也看得见了。两点以后到重庆，实在是三点。重庆比京沪的时间差一点钟，因为太阳由东出来，所以东边是三点，西边才是两点，由上海到四川往回拨一点钟，由川去沪加一点钟。

到重庆下机，看见同学们及南渝的代表。事先我曾去电报阻止学生们去迎接，结果没阻止了，于是一同回学校。

由学校到重庆是三十里路，用时三十分钟，路面很好，在校学生均在校门前排队接我。我一看建筑真好，看照片，房、地都不错，看真的比图好！

南开的地是平的，南渝不平，可是亦不太不平，有小小的高，有小小的低，看也很有趣，学校的地点真好！

我再补说设学的理由——去年华北很乱，我看到四川的前途很远，就选了四川，又选了重庆，遇见胡仲实，选了沙坪坝。南开以往开发东北，费事，近又因政治关系，不能努力；西北太穷，不行；西南的四川前途亦好。有人赞成在成都，可是重庆见长，只电灯进步的速度任何城市也比不上。

南渝地点在沙坪坝，一边是大江，一边是嘉陵江，这块地正在成渝路上——从重庆到成都的一条路上。沙坪坝距城三十里，由城到小龙坎，一拐就是磁器口，其中二十八九里是成渝路，三里多是巴县公路，南渝中学便是在巴县公路的旁边，有汽车可到，交通便利。

南渝中学现有地四百余亩，将来还想买。那儿的学生，据先生们说，比南开学生好，四川人都聪明，活泼，擅口才。可是有两种缺点，一是身体软弱，一是不沉着，不过经过训练之后，将来是很有希望的。

我看见那里的房、地、学生都那样好，教职员又那样努力，我真痛快。第一天睡觉很少，躺在那儿计划着怎样发展，怎样捐款。第二天早上六点，他们就起来了，起身后早操，教职员等都在一起，精神很好。到那儿的前三四天皆在校中，与教职员、学生们聚会。

沙坪坝距城很远，理想中可自成一村。南渝教职员们的家眷初到时都觉得闷，现在都好了。我去的时候，给他们带话匣子去，又买的新片子，又向华西公司借了一架收音机，因为那里是用的直流电，所以只借了一个适用的，虽然声音小一点，不过收听南京的播音，也听得清楚。我想每星期六有个会，或是同乐会，能演电影更好，慢慢地把那块地方造成新村。要想造新中国，应该在新的地方造起，这块地便可以造。今年那里有二百余学生，明年可有六百余人，后年可千人，到了第四年，可以有一千三百余人，男女学生既多，同人亦多。到那时，新村的生活就可以实现。

前四五天，始终没出去，后来就出去到城里，由胡仲实校友陪着我，拜访各机关领袖。在回京时曾烦吴达诠部长，向四川行政长官刘湘及四川各银行、商会等去电介绍，后来大家相见后，都请吃饭，稍稍应酬，然后去成都。

这次去川，我打算捐款。四川与我有缘。四川这地方很有希望，川边亦可以发展。四川与云、贵、陕、甘接连，对于中国发展很有关系。上次由川回来，筹得十五万余元筹备南渝，现在都用完了。这次，我还打算捐十五万元，不过是想在四川当地捐。

捐法是，上次行政长官蒋院长捐五万元，此次打算请四川的行政长官刘主席也捐五万，商界捐五万，个人捐五万，同时组织董事会。这回川人看见南渝中学从建筑至开学，时期很短用钱很省，这种“快”“能”，予他们以很好的印象，又是给他们本地办学，大家很愿帮忙，且极信我。

成都去了八天，拜见刘主席，时刘卧病，扶病谈话。刘人很好，头脑很清楚，信我们为教育而办学，无些许别的意思，于是就答应帮忙。去的时候，由秘书长陪着见的，刘主席告诉秘书长跟各厅长商量着办，幸而那时胡仲实因为华西开董事会，也飞了去。那时财政厅长刘航琛在汉口，民政厅嵇厅长及建设厅长卢作孚，都没有办法，教育厅也没有款，当时胡仲实给大家建议，给刘航琛去信，请他筹款。原来刘有学生在南渝读书，刘本人亦见过喻先生，对南渝甚为佩服。于是由财厅秘书校友何九渊写了封信去，果然刘回信照办。

蒋教育厅长亦愿帮忙。他期望重庆有女子高中，请南渝代办，经常费按省立学校标准发给，不过建筑费不管，明年起委托南渝办女中。重庆女师原有两班，初二、高二，明年就是初三、高三，临时再招高一、二，初一、二，可成六班，可二百多人，这是政府委托的；而南渝本身再招初一、高一五班，再合以旧有学生六班，明年男女学生将有十七组，比现在要加三倍，当然现有的建筑不够，不算买地只算建筑费约计：

科学馆——三万五千元。

男生宿舍——二万二千元。

女生宿舍饭厅——三万元。

教员宿舍——一万五千元。

图书馆——三万五千元。

礼堂一座——五万元。

操场——运动场，在天津等地，看台等须由平地往上起筑，那边不用，就着地势起伏，自成天然运动场及看台，用费二万至三万元。

总共只建筑费需要二十万元左右，现在实有的是政府的五万元，其余大概亦有把握。

其余的简单地报告些。

由成都返回重庆，提议组织董事会，董事共设九位，南京二位，张群、吴达诠；成都二位，卢作孚、刘航琛；重庆五位，银行公会主席吴寿彤，美丰银行行长康心如，华西实业公司胡仲实及胡子昂，建设厅长卢作孚，公安局长何壮衡，还有财厅秘书何九渊是校友，就请他当董事会秘书，我不在重庆时，就请他替我跑跑。

开会时候，在京的二位自然不能到，成都卢作孚适在重庆，就在南渝中学开了一次会，领着全体看一看地、房子。

开会的时候，我告诉大家，这回想要捐款建筑校舍，于是把房图及计划拿出来给他们看，并且说明数目还不够，没想到大家都无难色！

同时有二位表示，一位是康心如先生，他说他有个哥哥，留学日本，回国后在北大教文学，存的书籍很多，现时已故去了。为纪念他的哥哥，打算把书捐了，并捐十万元建一图书馆，总想不出把这事交给谁。去年我头一次到四川去，借住在他那儿，他很招待。今年我去，又约他做南渝的董事，这次他打算把这事委托南渝代办，同时在南渝用三万五千元建图书馆，在重庆城里办一个图书馆，捐书，捐经常费。

一位是吴寿彤先生，道德很好，幼时没入过学校。他向胡仲实表示，他有四个子女，二男二女，每人留给他们三万，自己仍经营商事，死后，愿将全部财产捐助南渝；现答应捐一万五千元，并允再募一万五。教员宿舍旁有一块地是他们行里一个行员的，南渝想买过来，费了多少事，不成，跟他一提，他答应了，或者就许捐给我们，他说临死都捐了，大概有三四十万！

运动场是由胡仲实给杨子惠先生去信，请他拿三万元。

社会方面，如银行公会等，及个人的捐款，据说很有希望，所想的十五万的数目，或者可以超过了。

再说经常费，南渝除了蒋委员长捐五万元外，教育部今年拨给两万元，我打算明年请教部拨助四万，后年六万。

四川的校友，在重庆的有四十八位，在成都的有五十多位。重庆校友多服务华西实业公司，都是曾在国外及国内学专门的，将来的发展很大。重庆，现在的灯、水都是归华西办，今年他们又添办了水泥厂，成绩很好。他们什么事都办，川大的工程是他们包的，这次又应了成渝铁路的石工、土工的工程，约一千几百万元。

华西重要人有胡仲实、胡光麃，都是校友。胡光麃负责技术，胡仲实负责联络。华西的前途很大，用我们大学学生很多，都是商、电、矿科的，如章功叙、杨长骥、吴克斌等，还有位职员徐宗涑君，薪金每月七百，是负水电厂的责任的。

在成都有个小规模的新华公司，是张锡羊、敖世珍、钟端可、张灏、宋挚民同几位本地人合办的。宋挚民负责建筑，他最近又带了三十多工人去，将来这个公司是很有希望的。

四川的前途很大，现时政治稳定，校友们愿意去，可以去看一看。那里校友精神很好，前途很好。

这是到南渝及四川的经过情形。

## 二、将来的希望

四川的建设刚兴起，用人的地方正多，于是我想起学生的出路。胡仲实跟我曾谈，如果成渝铁路起修，用工人很多，就用高中毕业生去练监工，回来再升学，专录用寒士，我想也是一个办法。

锡羊曾去川边，川边军政长官也拟发展川边实业。最近钟体正去川边视察，据报告说政军各情尚不大稳定。不过我想，全国稳定了，川边、西康也不能例外；假如稳定下去，那里实业的发展一定很大。

我们南开工厂造人才，本地销路少，别处多销也好。我们的“货”跟别的“货”一样，论到学术、技术都差不多，论负责，则胜过别人；能如此，工厂造人才，在社会有用，前途就很大了。四川成渝铁路起修，用人很多，请乃如在大学学生堆里想想，善忱在同学会里找一找。四川南开部分在华西实业公司，已有很大基础，银行界如王新华、李世林都在长着了，若干年后长起来，我们的“货”更容易销。我们以前想开发西北，西北太穷。西南却真好，据赵永来说坐着汽车沿途经过各村庄，比北方村庄富丽，普通吃肉食不很特别，这还是经过军阀割据之后的。

南开学生能去在西南做事，四川的机会真多，聚住了别散，够咱做的，能在那销“货”，使人承认我们的“货”；塘沽永利、久大已经承认我们的“货”了，印象就很好，我们创出牌子去得叫人能用。

总之，想发展实业，告诉给学生，到四川到西康去，以先我们想向东北、西北去发展，都碰壁了。西南将来可以达到目的，这也是我个人的野心。校友们在四川下“子”很紧要，华西公司所有专门人才都需要。他们把重庆的水和电改良后，重庆人对他们很有信仰。去年计划组织洋灰厂，不久就可出灰，成渝铁路修成后，发达更大。他们并且举我做董事，我已答应他们，为的是销销大学、中学的“货”。

南渝一长不要紧，南开到西南去有了根据地!

我在南渝住着很高兴，天天在院子里转。那儿的花匠跑到山里去拾花种子，把地分成畦，把南开的菊花单放一畦，插上签子叫“南开菊”。任叔永到那去看见说：“南开菊都到南渝了！”在那里住的日子虽不多，可是我胸宽肚小了，皮带都进去一个眼，很想多住，周围净是山，远的山很高，近的丘陵起伏，本院里又平，非常之好。

正在痛快极了的时候，就不痛快了。十三日的早上，薛桂轮、孙瑞、胡光燕三人跑到我那里，告诉我蒋先生被扣的消息。原来那天，重庆校友足、篮球队跟南渝学生队比赛，我给他们预备的饭，买了一块钱四川特产的花生，一块钱小红橘——一块钱买一百七十个。他们三位一来，我脑子里的空中楼阁全散，我跟他们讨论这事的结果，结论是必得用兵。后来接到孔祥熙先生的电报，叫我径赴西安或到京，于是我准备赴京。

十七日乘机起飞，天气不好，又多住了一天，十八日到京。还是那样少吃东西，在飞机上看见山上下雨下雪。飞机顺着大江飞，过三峡，如同走在小胡同内，两边是山，下边的江似道水沟，有意思。这次我可得着一点新经验：飞机大的可坐十四人，地位最好在前右方，因为左前边有一个通司机室的门，司机人出来进去很不方便，也不得看下边，前右方第一位，飞机的翅膀在后，颤动不很大，坐在那看着下雨下雪，联想到行雨、驾云。过汉口就有些饿了，越急越不到，人真是不知足，世界上最快的还嫌慢。到京见孔副院长，问一问我怎样到西安，代表谁，说何条件，他也没有具体办法，于是等一等吧，那天正是蒋鼎文回来。二十四日孔先生请我吃饭，他们很不着急，谈起来他们很乐观，后来我告诉他打算先回津，如用我马上就来。二十五日搭车返津，二十六日到济南才看见报说蒋先生脱险返洛阳，心上一块石头落了地……

我常对四川南开校友说：“我这老头子在前头跑，青年人在后赶，你们怎么样？”大家说：“努力努力。”都还不错。我们不只要聪明、能干，还要做事努力、信实；能继续着去做，推动国家，兼做个人事业。校友会派人各处跑一跑，南开学生断了连续的气，把他再联上，所谓打打气，叫他们振作起来！借着国家气势好转的时候。学校的事，跟国家的事差不多。（略）现在社会，好像认识了正义、好和坏，南开力量小，可是方向对，我们继续还去做，借着机会，推行我们的为公、正明、诚实、远大的主张！

十三日惊醒我的梦，二十六以后我又造了许多空中楼阁。

我们以前所顾虑的，现在都不必顾虑了，凡事很可乐观！不要落后，做吧。把脑子换换，换去老的，装上新的。现在可以算南开的新纪元，放开手做，大做，一定成功。

我们充实我们的工厂，造就学生到各处去，特别是西南！我们大家新点，重来，新点。详细的办法，我还没有想校友方面，最好多多旅行。在南京的时候，校友们说，南京没有会所，这个学校可以帮忙。

总之，自己的本钱，不会利用，开小买卖就错了。我们要想新的路，新的法子，新的计划，用新的精神，往前猛进。

（原载于《南开校友》第2卷第5期，1937年1月15日）

# 南开的精神愈益奋励*

敌人此次轰炸南开，被毁者为南开之物质，而南开之精神，将因此挫折，而愈益奋励。故本人对于此次南开物质上所遭受之损失，绝不挂怀，更当本创校一贯精神，而重为南开树立一新生命。本人唯有凭此种精神，绝不稍馁，深信于短期内，不难建立一新的规模。现已在京成立南开办事处，对于下期开校一切事宜，正赶事筹划中。

（原载于《中央日报》1937 年 7 月 31 日）

* 1937 年 7 月 29—30 日，日寇连续轰炸南开大学和男中、女中等校舍后，张伯苓在南京接受《中央日报》记者采访时发表谈话。

# 南方之南开，展其伟大之生命*

南开中大学被日机轰炸时，余适未在校内，因庐山会议后，余过南京稍留，当时本欲行返津，以在京朋友之挽留，并劝告本人谓：日本人对南开及余个人均甚不高兴，其实吾人能得日本人之嫉视，已自足荣幸。友人更谓至必要时，日本必将予南开以破坏，并将予本人以不利，余遂即暂留南京。

七月二十九日，余得到报告，谓南开被炸。时余并不惊讶，因此事已在意料之中。教育是立在精神上的，而不是立在物质上的。当晚中央社记者访余时，余已向彼等言之。当时轰炸南开学校时，幸未伤人，而在事前，校内仪器图书亦多已迁出。本人以为建立一个大学，精神难而物质易。南开已经四十年来之经营，当去年政府计划接办时，估计全部校产已达二百七十万元之巨，在私立大学中似已可观。如今牺牲掉，本人并不过分爱惜，因南开精神已散布于全国，愈毁坏，愈有更新发展之可能。

当日余接到被炸消息不久，教育部长王世杰曾到旅馆来慰问，并表示政府必尽力帮助恢复南开，余当时答称，在此抗战期间，余绝不愿使政府分心。后蒋委员长亦向余有同样表示，亦如此答复。现时南开中学已在南渝重新建立成功。本人于前年已料到北方必要发生问题，当即开始向各方奔走募

* 本文是张伯苓 1937 年 9 月 26 日在武汉校友公宴会上的演词，标题为编者加。

款，不久即募得三十余万元。进行能如此容易，实因南开之奋进创造精神，已布满全国。

至于今后南开大学之恢复，若在平时，当然不成问题，但现时正在抗战期间，恢复工作须告待后日续谈，现时政府已在长沙设立临时大学，此校将容纳清华大学、北京大学、南开大学及中央大学研究院四校学生。现时该处所有之房屋及用品，均已备妥，一切亦均有办法。余此次赴长沙，即为办理校中各事。本校已决定将电工一部与湖南大学合作，化工一部与重庆大学合作，至于理、文、商三科，则设于长沙。

南渝中学方面，只有原来南开中学生数十人，现已开学，学生均甚好，至于其他一切，均较在天津时更有进步。因南渝方面一切都是有计划的。今年十月十七日本校纪念日，当扩大举行纪念，表示北方南开学校被毁，而南方之南开又展开其更伟大之生命。

论吾人对今日抗战之态度及认识一问题时，吾人应先理解今日之中国已为新中国，吾人已变成新中国人。以前吾人均有三大病：一、为“怕”；二、为“退”；三、为“难”。即遇事来即怕，怕而退，退即觉所有各事都难，结果什么事都办不成。自从抗战爆发以后，可以证明国家是变了。第一因不怕日本凶，再即不因日本之用强力压迫而退却，三（即）不顾一切艰难，向前迈进。

中国此种情形，较之昔日非改变而何。即吾人亦如之。中国现时之抗战，实占有绝对有利之条件，经济、政治、外交三方面，均有利于我，而无利于日本，中国只要打，一切都有办法。无论如何想，中国都不会亡国。中国历年来进步不易，其原因是中国是大国，故要亡中国，因其大，故亦不易亡之。余希望大家自己应了解已变为一新国民，但希望注意不要使身体成新的，而留下一副旧成分或剩下一条尾巴在身上。中国之领袖的进步，实一日千里，余已自己感觉追逐不上，希望全体同学当努力力追云。

（原载于武汉《大公报》1937 年 9 月 27 日）

# 四十年南开学校之回顾

## 绪 言

本年十月十七日，为南开学校四十周年纪念日。校友及同人佥以胜利在望，复校有期，值此负有悠久光荣历史之纪念日，允宜特辑专刊，一以载过去艰难缔造之经过，一以示扩大庆祝之热忱！属苓为文纪念，爰撰斯篇，以寄所怀。

南开学校成立于逊清光绪三十年，迄今已四十年矣！此四十年中，苓主持校务，擘划经营，始终未懈，以故校舍日益扩展，设备日益充实，学生日益众多，而毕业校友亦各能展其所长，为国服务。凡我同人同学，值此校庆佳节，衷心定多快慰！而对于四十年来，为学校服务之同人，爱护学校之校友，与夫赞助学校之政府长官及社会各方人士，尤应致其莫大之谢忱！盖私人经营之学校，其经济毫无来源，其事业毫无凭借，非得教育同志之负责合作，在校或出校校友之热烈爱护，与夫政府及社会各方之赞助与扶持，决不能奠定基础而日渐滋长也！南开学校四十年之发展，岂偶然哉！

兹当南开四十周年校庆佳日，吾人回顾以往之奋斗陈述，展望未来之复校工作，既感社会之厚我，倍觉职责之重大。爰将南开创校动机、办学目的，及工作发展经过，作一总检讨，分述于下。

## 一、创校动机

南开学校之创办人，为严范孙先生。先生名修，字范孙，为清名翰林。为人持已清廉，守正不阿。戊戌政变前，任贵州学政，首以奏请废科举，开经济特科，有声于时。政变后，致仕家居。目击当时国势阽危，外侮日急，辄以为中国欲图自强，非变法维新不可，而变法维新，又非从创办新教育不可。其忧时悲世之怀，完全出乎至诚。凡与之交者，莫不为之感动。

光绪二十三年，英人继德、俄之后，强租我威海卫，清廷力不能拒，允之。威海卫于甲午战时，为日人占据，至是交还，政府派通济轮前往接收，移交英国。其时苓适毕业于北洋水师学堂，在通济轮上服务，亲身参与其事，目睹国帜三易[1]，悲愤填胸，深受刺戟！念国家积弱至此，苟不自强，奚以图存，而自强之道，端在教育。创办新教育，造就新人才，及苓将终身从事教育之救国志愿，即肇始于此时。

翌年，苓离船，接严先生之聘，主持严氏家塾。严先生与苓同受国难严重之刺戟，共发教育救国之宏愿，六年后（清光绪三十年十月），严氏家塾乃扩充为中学，此南开学校创立之缘起也。

## 二、办学目的

南开学校系因国难而产生，故其办学目的，旨在痛矫时弊、育才救国。窃以为我中华民族之大病，约有五端。首曰"愚"，千余年来，国人深中八股文之余毒，民性保守，不求进步。又教育不普及，人民多愚昧无知，缺乏科学知识，充满迷信观念。次曰"弱"、重文轻武，鄙弃劳动，鸦片之毒流行，早婚之害未除，因之民族体魄衰弱、民族志气消沉。三曰"贫"，科学不兴，灾荒叠见，生产力弱，生计艰难。加以政治腐败，贪污流行，民生经济，濒于破产。四曰"散"，两千年来，国人蛰伏于专制淫威之下，不善组织，不能团结。因此个人主义畸形发展，团体观念，极为薄弱。整个中华

[1] 接收时，先下日旗，后升国旗，隔一日，改悬英旗。

民族有如一盘散沙，而不悟“聚则力强，散则力弱”“分则易折，合则难摧”之理。五曰“私”，此为中华民族之最大病根。国人自私心太重，公德心太弱，所见所谋，短小浅近。只顾眼前，忽视将来，知有个人，不知团体。其流弊所及，遂致民族思想缺乏、国家观念薄弱，良可慨也。

上述五病，实为我民族衰弱招侮之主因。苓有见及此，深感国家缺乏积极奋发、振作有为之人才，故追随严范孙先生，倡导教育救国，创办南开学校；其消极目的，在矫正上述民族五病，其积极目的，为培育救国建国人才，以雪国耻，以图自强。

## 三、训练方针

南开学校为实现教育救国之目的，对于学生训练方针，特注意下列五点。

一曰重视体育。强国必先强种，强种必先强身。国民体魄衰弱，精神萎靡，工作效率低落，服务年龄短促。原因固属多端，要以国人不重体育为其主要原因。南开学校自成立以来，即以重视体育，为国人倡，以期各个学生有坚强之体魄，及健全之精神，故对于体育设备、运动场地，力求完善；体育组织，运动比赛，力求普遍。学生先后参加华北、全国及远东运动会者，均有良好之成绩表现。但苓提倡运动目的，不仅在学校而在社会；不仅在少数选手，而在全体学生。学生在校，固应有良好运动习惯；学生出校，亦应能促进社会运动风气。少数学生之运动技术，固应提高；全体学生之身体锻炼，尤应注意。最要者学校体育不仅在技术之专长，尤重在体德之兼进，体与育并重，庶不致发生流弊。故体育道德，及运动精神，尤三致意焉。

二曰提倡科学。我国科学不发达，物质文明远不如人。故苓当办学之初，即竭力提倡科学，其目的在开通民智、破除迷信，借以引起国人对于科学研究之兴趣，促进物质文明之发达。今者科学与国防建设发生密切之关系，无科学无国防，无国防无国家，愈见提倡科学之重要。唯是科学精神，不重玄想而重观察，不重讲解而重实验，观察与实验，又需有充分之设备。

南开学校在成立之初，苓即从日本购回理化仪器多种，其后历年添置，令学生人人亲手从事实验。犹忆民国初年，美国哈佛大学校长伊利奥（Dr Eiliot）博士来校参观，见中学有如此设施，深为赞许。盖以尔时中学内有实验设备者，尚不多觏也。

三曰团体组织。国人团结力薄弱，精神涣散，原因在不能合作，与无组织能力。因此学校对于学生课外组织、团体活动，无不协力赞助，切实倡导，使学生多有练习做事参加活动之机会，而苓所竭力提倡之各种课外活动，有下列数种：

1. 学术研究。如东北研究会、天津研究会、科学研究会、数学研究会，以及政治经济研究会等，以大自然为教室，以全社会为教本，利用活的材料，来充实学生之知识，扩大学生之眼界。

2. 讲演。演讲目的，在练习学生说话之技术，与发表思想之能力，并可进为推行民主政治之准备。其组织，或以年别，或以组分；其训练，由学校聘请有研究有兴趣之教员，为其导师。平时充分练习，定期公开比赛，其优胜者，则由学校加以奖励。

3. 出版。学校为训练学生写作之能力，增加学生发表思想之机会，自始即鼓励学生编辑刊物，会有会刊，校有校刊，或以周，或以季，种类甚多，于彼此观摩之中，寓公开竞赛之意。以是南开学校并未设有新闻学课程，亦未添设新闻学科系，但毕业校友之服务新闻界、通讯社，以及文化团体而卓有成绩者，为数尚不少。

4. 新剧。南开提倡新剧，早在宣统元年（1909 年）。最初目的，仅在借演剧以练习演说，改良社会，及后方做纯艺术之研究。南开话剧第一次出台公演者，为《用非所学》一剧，由苓主编，亦由苓导演。继则由今中央委员时子周君，前政治部副部长周恩来君，及本校职员伉乃如君等，合力编演《一元钱》《新少年》《一念差》及《新村正》等。每次出演，成绩至佳。其后张彭春君自美归国，负责指导编译名剧多种，亲自精心导演。当《国民公敌》《娜拉》及《争强》诸剧演出之时，艺术高超，大受观众欢迎。当时出演者，有今名编剧家万家宝君。而南开新剧团之名，已广播于海内矣。

5. 音乐研究会。南开提倡音乐，远在光绪三十一年，当时设备不全，仅有军乐一项。其后会员增加，设备充实，增添口琴、提琴、钢琴及大提琴诸组，今名音乐家金律声先生，亦导师之一。前后举行演奏会多次，成绩甚为美满。

6. 体育。南开重视体育，提倡体育组织，提高普及，均所注重，除田径外，并辅导学生组织各项球队，如篮球、足球、棒球、排球、网球等，而尤以篮球队为国人所称羡。当时曾有“南开五虎将”之称，所向无敌，执全国篮球界之牛耳。其时负责教练者，即今名体育家董守义先生也。

7. 社团。南开学校为训练学生做事能力、服务精神，并培养社会领袖人才起见，鼓励学生自动组织各种社团，通力合作，团结负责，当年最早成立之学生社团，有自治励学会，由今中学部主任喻传鉴君主持之，有敬业乐群会，由周恩来君主持之，此外并有青年会，专以研究基督教义为任务，由张信天君主持之。皆各有定期出版刊物，彼此观摩竞赛，工作成绩颇足称道。

四曰道德训练。教育为改造个人之工具，但教育范围，绝对不可限于书本教育、知识教育，而应特别注重于人格教育、道德教育。是以苓当学校之初期，每于星期三课后，召集全体训话，名为修身班。阐述行己处世之方，及求学爱国之道，语多警慑，学生颇能服膺勿失。

苓鉴于民族精神颓废、个人习惯不良，欲力矫此弊，乃将饮酒、赌博、冶游、吸烟、早婚等事，悬为厉禁，犯者退学，绝不宽假。在校门侧，悬一大镜，镜旁镌有镜箴，俾学生出入，知所儆戒。箴词为：“面必净，发必理，衣必整，纽必结；头容正，肩容平，胸容宽，背容直；气象：勿傲，勿暴，勿怠；颜色：宜和，宜静，宜庄。”此与现时新生活运动所倡导者，若合符节。犹忆美国哈佛大学校长伊利奥博士来校参观，见南开学生仪态与在他校所见者不同，特加询问。苓乃引伊至镜旁，将镜上箴词详加解释，伊始了然。后伊归国，告其邦人，罗氏基金团且派员来校摄影，寄回美国，刊诸报端，加以谀词。盖以当时国人对于国民体魄、身体姿势，甚少注意矫正之故也。

五曰培养救国力量。南开学校系受外侮刺激而产生，故教育目的，旨在雪耻图存；训练方法，重在读书救国。关于国际形势、世界大事，及中国积弱之由，与夫所以救济之方，时对学生剀切训话，借以灌输民族意识，及增强国家观念。但爱国可以出乎热情，救国必须依靠力量。学生在求学时代，必须充分准备救国能力，在服务时期，必须真切实行救国志愿，有爱国之心，兼有救国之力，然后始可实现救国之宏愿。在平津陷落以前，华北学生之爱国运动，大半由我南开学生所领导，因此深遭日人之嫉恨。后此我南开津校之惨遭炸毁，此殆其一因。

上述五项训练，一以“公”“能”二字为依归，目的在培养学生爱国爱群之公德，与夫服务社会之能力。故本校成立之初，即揭橥“公”“能”二义，作为校训。唯“公”故能化私，化散，爱护团体，有为公牺牲之精神；唯“能”故能去愚，去弱，团结合作，有为公服务之能力。此五项基本训练，以“公”“能”校训为指导原则，而“公”“能”校训，必赖此基本训练，方得实现。分之为五项训练，合之则“公”“能”二义，允公允能，足以治民族之大病，造建国之人才。四十年来，我南开学校之训练，目标一贯，方法一致，根据教育理想，制订训练方案，彻底实施，认真推行，深信必能实现预期之效果，收到良好之成绩也。

## 四、学校略史

南开学校成立于光绪三十年，但在学校成立以前，尚有六年之胚胎时期，即严、王两馆是也。此六年之胚胎时期若与南开四十年之历史合并计算，则南开学校已有四十六年之历史矣！此四十六年之历史可以分为四大时期，即（一）胚胎时期；（二）创业时期；（三）发展时期；及（四）继兴时期。兹分述如次。

（一）胚胎时期（清光绪二十四年—光绪三十年）

严、王二馆之成立。

光绪二十四年，严范孙先生设立家塾，聘苓主讲，以英、算、理、化诸科，时号称“两学”，教其子侄，有学生五人。其后三年，邑绅王奎章亦聘苓教其子弟，有学生六人，取名“王馆”，盖所以别于“严馆”也。苓每日上午课严馆，下午课王馆，如是六年，迄于南开学校之成立。本期由严馆（光绪二十四年）而中学（光绪三十年），为期较短，发展亦少，是为南开之胚胎时期。

（二）创业时期（清光绪三十年—民国八年）

中学之成立及其发展。

光绪三十年，苓与严范孙先生，东渡日本，考察教育，知彼邦富强，实由于教育之振兴，益信欲救中国，须从教育着手，而中学居小学与大学之间，为培养救国干部人才之重要阶段，决定先行创办中学，徐图扩充。归国后，即将严、王两馆合并，并招收新生，正式成立中学。校舍在严宅偏院，教室仅有小室数椽，学生七十余人，教员三四人，实一规模狭小、设备未完之南开雏形也。当时校名，初称“私立中学堂”，后易名“敬业中学堂”，旋复改称私立“第一中学堂”，因私人设立之中学，尚有数处也。中学成立后之四年，学生人数大增，以校舍逼仄，不能容纳，得邑绅郑菊如先生捐城西南名“南开”地十亩，为校址，遂筹募经费，起建校舍。是年秋，乃由严宅迁入新校舍，校名改称“南开中学”，盖以地名也。

宣统三年，天津客籍学堂与长芦中学堂并入本校，学生人数增至五百人。

民国三年，直隶工业专门与法政学校两附属中学，亦归并本校，于是学生益多。四年，徇中学毕业生之请求，增设英语专门科。翌年，复设专门部及高等师范科各一班。卒因经费困难，人才缺乏，致先后停办。六年，中学日形发达，学生满千人，苓以办理高等教育，两次失败，深感办学之困难，乃于是年秋，第二次渡美，入哥伦比亚大学师范学院研究教育，并考察其国内私立大学教育之组织及其发展，为将来重办大学之借镜。七年冬，与严范孙、范静生、孙子文诸先生偕同归国，一方竭力充实中学，一方开始筹办大学。南开历史，从此乃进入于大学发展时期矣。

中学在此时期中，年年有新发展。如购置新地，建筑新舍，几无年无之。虽经费时感拮据，多承徐前大总统菊人、陈前直隶总督小石、朱前巡按使经白、与刘前民政长仲鲁诸先生，或则拨助常年经费，或则补助建筑费用，倡导教育，殊深感激！严范孙、王奎章二先生之捐助常年经费，郑菊如先生之捐助南开地亩，以及袁慰亭、严子均二先生等捐资起建校舍，均于南开学校基础之奠定，有莫大之助力也。

此期自中学创始（光绪三十年）至大学成立（民国八年），共十有五年。中心工作在发展中学，筹办大学，中间虽历经艰难挫折，仍能日在发展长进之中，可称为南开发轫时期，亦可称为南开之创业时期。

（三）发展时期（民国八年—民国二十六年）

大学部之成立及其发展，

中学部之继续扩充，

重庆南渝中学之创立。

民国七年冬，苓自美归国，壹志创办大学，得前大总统徐公、黎公，及李秀山先生之赞助，遂于八年春，建大学讲室于中学之南端隙地。是年秋，校舍落成，招生百余人，设文理商三科，于是大学部正式成立。九年，李秀山先生捐助遗产五十万为大学基金。十年，李组绅先生捐助矿科经费，于是大学又增设矿科。十一年，在八里台得地七百余亩，起建新校舍。翌年，迁入。至是南开学校，分为两部——中学部、大学部。全校学生合计一千八百人。十二年秋，因天津各小学毕业生之请求，添设女中部。招收学生八十余人，租用民房开学。于是南开学校扩充为三部——中学部、大学部、女中部，学生又多增百余人。

十六年，苓以日寇觊觎东北甚急，特赴东北四省视察。归校后组织东北研究会，并派员前往实地调查，搜集资料，借资研究，于是南开学校，深受日人之嫉视。

十七年，增设小学部，聘请美人阮芝仪博士为实验导师，从事设计教学法之实验。

大学成立既数年，基础渐固，设备亦渐臻充实，为提高学术研究，并造就人才计。二十年，添设经济研究所。二十一年，设立化学研究所。二者除调查研究外，并着重于专门技术之训练。至是南开学校扩充为五部——中学部、大学部、女中部、小学部、研究所，学生总数乃达三千人矣。

二十四年冬，苓赴四川考察教育，深感津校事业，仅能维持现状，而川地教育，尚可积极发展。且华北局势，危急万状，一旦有变，学校必不保。为谋南开事业推广计，并为谋教育工作不因时局变化而中断计，决意在川设立分校，于二十五年秋，招生开学。于是南开学校在重庆复增设一部。

此期学校各部颇多进展，经费之需要甚巨，各方面人士热烈赞助，慷慨解囊者亦至多。在大学部，有李秀山、袁述之、卢木斋、陈芝琴、李组绅、傅宜生、李典臣、吴达诠诸先生，以及美国罗氏基金团等，或慨捐基金，或资助常费，或出资建筑校舍，或解囊充实图书；尤以吴达诠先生所发起之“南大学生奖助金”运动，每生年得奖助金三百元，名额三四十人，于清寒学生嘉惠尤多！在中学部，则有中华教育文化基金委员会之奖助经费，章瑞庭先生之独捐巨款建筑大礼堂，蔚为中学部最庄严最宏丽之建筑；而校友总会发起募捐运动，建筑科学馆，及奖助学生基金，成绩尤为圆满。至捐助女中及小学建筑经费者，此期有张仲平、王心容二先生；补助大学经济研究所常年经费者，则有美国罗氏基金团。

重庆南渝中学捐助开办费者，主席蒋公为第一人。其后有刘甫澄、吴受彤、康心如、陈芝琴与范旭东诸先生，捐助建筑费及仪器图书等。凡上所举，皆荦荦大者，其他热心捐助者为数尚多，不及备举，皆于南开学校各部之发展，赞助至多。此期工作，实可谓尽力大，收效亦至宏也。

**（四）继兴时期（民国二十五年—民国三十三年）**

津校之毁灭，

渝校之继兴，

复校之准备。

本期自民国二十五年以迄于今，凡八年。在此期中，津校惨遭暴日炸毁已不存在，重庆南开逐年发展，继续南开生命。

继旧兴新，此期可称为南开之“继”“兴”时期，亦即南开再造之准备时期也。

民国二十六年，“七七”变起，平津沦陷，南开于七月二十九日及三十日，大部校舍惨被敌机轮番轰炸焚毁，是为国内教育文化机关之首遭牺牲者，时苓因公在京，以数十年惨淡经营之学校，毁于一时，闻耗大恸！时主席蒋公慰苓曰：“南开为中国而牺牲，有中国即有南开。”语至明断而诚恳。蒋公对南开之爱护备至，即此可见。苓深受感动，自当益加奋勉，为南开前途而努力也。

当津校被毁之日，我重庆南渝中学，成立已一周年矣！民国二十四年冬，苓游川，即决定设一中学，乃于翌年春，派员来渝，选购校址，督造校舍，首蒙今国府主席蒋公慨捐巨款，补助开办费用，于是第一期校舍建筑，乃按预定计划完成。是年秋，招收新生二百余人，正式开学，命名为南渝中学，盖取南开在渝设校之意。二十五年秋，苓第二次入川，为学校筹募经费，组织董事会，聘请吴达诠、张岳军、吴受彤、刘航琛、康心如、何北衡、胡仲实、胡子昂、卢作孚诸先生为董事，又完成第二期校舍建筑计划。及后华北事变，津校被毁，而我南开学校，犹能屹立西南后方，弦诵弗辍，工作未断者，皆当年准备较早之故。社会一部人士，辄以为重庆南开学校，系于津变后而迁川者，实误矣！唯因有南渝，津校一部员生于平、津战役序幕初展时，即相率南下，辗转来川，得照常工作，继续求学，而南开团体，得以维持不散，是则可谓不幸中之大幸也。

嗣后京、沪沦陷，各校仓促迁川，痛苦万状。佥以南开学校于战前早有准备，树立基础，深为称羡！一致誉苓眼光远大，有先见之明。其实华北之岌岌可危，暴日之必然蠢动，举国皆知。不过苓认识日本较切，而南开校址又接近日本兵营。倘有变，津校之必不能保，自在意中，故乃早事准备，及

时行动耳！（略）

南开大学被毁后，教育部命与北京大学及清华大学合并迁往长沙，称临时大学，后复迁至昆明，改称西南联大。苓与蒋梦麟及梅贻琦二校长共任常委，彼此通力合作，和衷共济，今西南联大已成为国内最负盛誉之学府矣！

二十七年，校友总会建议南渝更名南开，以示南开学校之生命并未中断，乃将南渝中学更名为重庆南开中学。是年因战区学生来川者纷请入校，学生人数增至一千五百余人。

二十八年，南开大学经济研究所在重庆复课，招收研究生十人，正式开始工作。

二十九年，重庆南开临时小学成立，学生百余人。

自二十八年至三十年，首都受敌机威胁，惨遭轰炸，即教育机关亦难幸免。本校三次被敌机投弹，而以三十年八月为最烈。敌机以南开为目标，投落巨弹三十余枚，一部校舍或直接中弹，或震动被毁，损失颇巨，但事后即行修复，敌机威胁虽重，学校工作初（终）不因之停顿。

三十三年，校友总会发起募集"伯苓四七奖助基金"运动，成绩美满，募得六百余万元。是年特设清寒优秀学生免费学额多名，青年学子受惠至大。

现在国运好转，胜利在望，建国治国，需才孔多。将来全国复员时，苓誓为南开复校，地点仍在天津，大学必设八里台，科系须增加；中学仍在旧址，力求设备充实；在北平及长春两地，并拟各设中学一所；至重庆南开，则仍继续办理。将来各地中学学生，经过严格基本训练后，再择优选送大学再求深造，定可为国家培养真正有用之人才。至于复校详细计划，尚在缜密研讨之中，唯念南开得有"元首"之奖掖、邦人之提携，将来复校工作，前途绝对乐观，可断言也。

总上所述，南开学校四十年来，由私塾而中学而大学；由全盛而毁灭，而继兴，中间经过多少困难，经过多少挫折，但复校之志愿未偿，南开之前途正远，兴念及此，不禁感慨系之！

## 五、检讨工作

南开四十年，不敢自诩成功，但征诸各方对南开之反应，实予苓以莫大之鼓励。兹分述之。

（一）学生成绩

南开创立，历史较久，学生亦众，且多优秀青年，任选任拔，以教以育，此实为我南开学校特具之优越条件，因此教学易而收效宏，费时少而成就多。出校校友，现在政府各部门、社会各阶层中服务者，为数亦至众。举凡党政外交、陆空部队、交通电信，以及教育、新闻、戏剧、电影各界，无不有我校友厕身其间。其服务能力、负责精神，有足多者，以故社会人士时予好评，而政府长官亦深加器重。以学生成绩论，南开教育似已稍著成效，并已得社会之承认也。

（二）社会信仰

南开学校，历年来深得社会之信任与重视。家长每欲送其子女来南开，谓："得入南开，便可放心。"以是每次招考，报名者辄四五千人，而取录有限，欲入者众，学校每苦无以应付。学校每有所求，又深得学生家长与社会各方之赞助。在津有"三六""三七"两次募款，成绩均至佳。而今春校友总会发起之"伯苓四七奖助基金"运动，原定目标，为四十加七十，即一百一十万，取庆祝南开四十周年与苓七十生辰之意。继增至二百八十万元，后改为四百七十万元，最后结束时，总数竟超过六百万元，此实完全出乎吾人之意料，创造了国内教育捐款之最高新纪录。此一事实，实足以验证社会人士对我南开有良好之反响与热烈之爱护。其所以能如此者，当由于吾人之工作，已深得社会人士之信任与重视耳！今后吾人更应如何加紧努力，加倍奋斗，以期无负社会之厚望也！

（三）政府奖励

南开系私立学校，各部经费历年受政府之奖励，补助至多。"七七"变后，南开被毁，承政府重视，命与北大、清华合并，为西南联大之一部。重庆南开，历年来参加毕业会考、大学升学考试、学生作业竞赛，均以成绩优美，屡受政府之褒奖与嘉勉。国际友人有来渝参观战时教育时，政府当局必令南开妥为招待，隐然认南开为中国战时中等教育之代表，实予学校以莫大之光荣。今年元旦国民政府以苓终身从事教育、为国造士，特颁一等景星勋章，深觉奖逾其分！然由此亦可证明，政府对我南开教育之成就，寄以莫大之激励也。

## 六、发展原因

南开学校系私人经营之事业，经过四十年之奋斗，得有今日之发展，推厥原因，实有多端。例如吾人救国目标之正确、“公能”训练之适当，与夫学生之来源优秀、校风之纯良朴实，皆为我校发展之重大因素，而尤觉重要者，约有三点。

（一）个人对教育之信心

苓于教育事业，极感兴趣，深具信心，故自誓终身为教育而努力。今服务南开，忽忽已四十年矣！忆昔北洋政府时代，武人专权，内战时起，学校遭遇之困难与挫折至多，深感政治不良，影响教育之苦。但苓艰苦奋斗，从不气馁。当十五六年之交，政府谬采虚声，拟畀苓以教育总长，及天津市市长等职，因志在教育不在政治，均力辞不就，仍一心办理南开。因是个人事业赖此得以保全，而南开校务，亦因此而得发展。及今思之，犹有余欢！迨后北伐告成，国内统一，全国国民在一个政府一个领袖之下，振奋团结，同心力强，实为我国五千年来未有之大团结。国运丕新，气象焕发，益信国家教育必能配合政治之进步，再以教育之力量推动政治，改进政治；更信南开教育事业，适应国家之要求，必能人才辈出，扶助国家，以数十年来孜孜矻矻，锲而不舍，卒有今日之小小成就，因个人对教育之信心，遂以促进南开教育事业之发展，此其一。

（二）同人之负责合作

窃以筹办学校，厘定计划，其事易；至计划之如何求其全部实现，训练之如何求其发生效力，其事难。要非赖全体同人之负责合作、努力推动不为功。我南开同人，皆工作重，职务忙，待遇低薄，生活清苦；但念青年为民族之生命、教育为立国之大计，率能热心负责，通力合作。因此学校人事之更动少，计划之推行易，青年学生日处于此安定秩序、优美环境中，自必潜心默修，敦品励学，养成一种笃实好学之良好校风，因以增高学校教育之效果。此同人之负责合作，实有助于南开之发展者，此其二。

（三）社会之提携与赞助

私人经营之教育事业，必得社会人士之赞助与提携，方能发育滋长，而南开学校自成立以至于今，得社会赞助之力尤独多。回忆四十年来，我南开津渝两校之发展，例如校地之捐助、校舍之建筑、校费之补助，以及图书仪器之扩充、奖助金额之设置等，无一非社会人士之赐，社会实可谓为南开之保姆，而南开实乃社会之产儿。过去南开发展，全赖社会之力，今后复校工作，更非赖社会人士之热烈赞助、加倍提携，绝难望其顺利进行，圆满成功。一部南开发展史，实乃社会赞助之记录册也。此社会之提携赞助，有助于南开之发展者，此其三。

## 七、结论

南开学校四十年奋斗之史迹，略具于斯。当年创立，系受国难之刺戟，而办学目的，全在育才以救国。至于训练方针，在实施“公”“能”二义，借以治民族大病。回忆严馆成立之初，学生仅五人，中学成立时，亦仅七十三人。经过四十年之惨淡经营，教职员同人齐心协力，学生逐年增加，设备逐年扩充，至抗战前，大学、中学、女中、小学、研究所学生，超过三千人，而规模之宏大、设备之充实，在国人自办之私立学校中，尚不多觏。至重庆南开，创始于军兴之前，成长于抗战之中，规模设备在后方各中学中，亦属仅见。盖南开过去，无时不在奋斗中，亦无时不在发展中，日新月异，自强不息，为我南开师生特有之精神。南开学校在过去，如何认为对于救国事业，稍著微绩；则在将来，对于建国工作，定可多有贡献也。

苓行年七十矣！但体力尚健，精神尚佳，不敢言老。今后为南开、为国家，当更尽其余年，致力于教育及建国工作。南开一日不复兴，建国一日不完成，苓誓一日不退休，此可为我全体校友明白昭告者也。

兹值南开四十周年校庆之辰，回顾既往奋斗之史绩，展望未来复校之大业，前途远大，光明满目。南开之事业无止境，南开之发展无穷期，所望我同人同学，今后更当精诚团结、淬厉奋发，抱百折不回之精神，怀勇往直前之气概，齐心协力，携手并进，务使我南开学校，能与英国之牛津、剑桥，美国之哈佛、雅礼并驾齐驱，东西称盛。是岂我南开一校一人之荣幸，实亦我华夏国家无疆之光辉也。

复校大业，千头万绪，工作至繁，需款尤多，届时苓拟另行发起募集“南开复校基金”运动，深望政府长官、社会人士，以及国际友人，仍本以往爱护之热忱，多予积极之援助，斯则苓于回顾南开四十年发展史迹之余，所馨香祈祷、虔诚期待者也。

（原载于《南开四十周年纪念校庆特刊》，1944 年 10 月出版）

# 世界、中国、南开

本人最近第四次由美返国，各方友好及南开同学，每以世界形势、中国前途及南开复兴三事见询，兹简述所感如下。

本人自认是一个乐观者，南开同学又替我起过一个诨名，叫“不可救药的乐观者”。但我的乐观是有根据、有理由的。

古人说，“鉴往知来”，历史是未来的一面镜子。我们从人类的经济生活上看，撇开原始的社会形态不谈，封建制度是给资本主义制度清算了的，现在又有社会主义制度出来清算资本主义制度了。从人类的政治生活上看，与封建制度相配合的，是专制的政体；自从资本主义制度兴起，有些国家实行君主立宪，有些国家改为共和政体。尽管像德国、日本和意大利，这些国家实行法西斯蒂独裁政治，想把前进的历史拉回几十年，然而事实俱在，暴力是扭不转历史发展的法则的。

历史发展的路线，尽管迂回曲折，但终结的方向是自由、平等与幸福。第二次世界大战结束迄今，已有一年又十个月，反法西斯蒂阵营中的反动分子，竟师承法西斯蒂的故伎，或向弱小民族施虐，或在制造三次大战。然而，这股逆流在全世界爱好和平与民主的人士之前，也就在浩浩荡荡主潮之前，已经渐渐低头了。

第一次世界大战的结束，产生新的苏联；第二次世界大战的结束，应该产生新的中国。中国的政治哲学，根据《大学》上一句话是“修身，齐家，治国，平天下”[1]。现在，世界向寻求永久和平的路上走，天下可望日臻太平，正是我们治国的大好机会，千载难逢，不可再矣！

最后一言南开。南开大学现改为国立，限期十年，期满仍改私立。本人办学，为的就是国家。南开在津校舍于七七事变后为敌机全部轰毁，当时本人在京，面谒蒋先生报告学校遭难情形，蒋先生说：“南开为国而牺牲，有中国即有南开。”现在抗战胜利，南开暂时改为国立，正表示国家对南开负责。南开中学还是私立的，一、二两分校设成都与昆明，最近计划在上海添办南开第三中学。至于第四中学，拟设在东北。在敌人实施奴化教育达十四年之久的地方办学，意义特别深长。

南开同学及各方友好最近问我，究竟要办几个南开中学，我的答复是简简单单六个大字，“一直办到我死”。四十多年以来，我好像一块石头，在崎岖不平的路上向前滚，不敢作片刻停留。南开在最困难的时候，八里台笼罩在愁云惨雾中，甚至每个小树好像在向我哭，我也还咬紧牙关，未停一步。一块石头只需不断地滚，至少沾不上苔霉；我深信石头愈滚愈圆，路也愈走愈宽的。

（原载于《南开周刊》复刊第5号，1947年7月24日）

[1] 见《大学》第一章，原文是：“物格而后知之，知之而后意诚，意诚而后心正，心正而后自修，自修而后家齐，家齐而后国治，国治而后平天下。”

# 第三章
# 欲强中国，端赖少年

# 德智体三育并进而不偏废 *

余今所欲言者，为最要事。诸生其注意近日屡感触于社会之恶习，益觉中国前途之可惧。夫中国当此千钧一发之秋，所恃者果何？在恃教育青年耳。教育一事非独使学生读书习字而已，尤要在造成完全人格，三育并进而不偏废。

故凡为教育家者，皆希望世界改良、人类进步；抱不足之心，求美满之效。我国当教育青年之任者，诚能实行若此，则中国或可补救于万一。兴思及此，不禁深喜，及觇社会之现状，虽一则以喜，又不禁一则以惧。先以为教育兴，青年立，必能将社会渐渐改良，转危为安，故喜。更观社会腐败之现状，每况愈下，流连忘返者，比比皆是，又不禁肃然为之惧。此种现象不独中下社会为然，即上等社会，甚至做教育界之领袖者，亦陷于恶习之旋涡中，随波逐流。此等社会何时始能望其改良！如谓长此以往，不求进步，终日悠悠，忽有一日人皆醒曰，当改良国家，进步社会。考已往，测将来，吾知其梦也。更观政府以命令禁止恶习，虽有长篇大论，严词苛法，亦言者谆谆，而听者藐藐，于事乎何济？自鼎革而后，所改者有用无用之名词。实事之增加者，社会中之嫖赌是也。即以赌言，打牌者，昔时南方仅有之，渐至

* 本文是 1914 年 4 月 29 日张伯苓在南开学校修身班上的演说词，由孤竹野人笔录。

北方，今则全国上下不谋而合。中人以上之家，无不备之，而更妓馆花酒所在皆是。使青年目夺神迷不为颠倒者，百不见一焉！吾常闻人曰，南开学生多自美，吾诚不解。若以我为南开学生即可自美，此等学生为学校之败类，校中去之；如曰人皆嫖赌，我独特立为自美，吾欲此等人愈多愈好。亡国者何亡其魂也，奚必列强之分裂割据而后，然中国人现时大多数丧其魂矣。淫佚放荡日趋日下，有今日无明日。青年处此，不大可危乎？故美国学校多令年长生友年幼生，扶之助之，使自立，愿诸生履行之。此谓汝等自为可谓为南开学校所为，亦可即谓之救国救世，亦莫不可。青年有事占其身则快乐，暇时则将受外界引诱之，苦矣！故余每救人借以自救，吾国居上等者皆嫖赌，下等反无之，以道德论上等较逊矣。然而国家所恃者非下等，上等又腐败而欲国之不亡乎？更观中国之留学生回国后，亦与恶习随波逐流，非但不知羞恶，反饰之曰："中国不若外国之有音乐队、俱乐部等足资消遣，则嫖赌未为不可也。"呜呼！国家所以派留学生果何为者？社会腐败当改革之，公众利益当提倡之，如亦随波逐流，国家又焉用断送金钱以造人才哉！

吾常云：三人相聚，而不能乐者，非愚则死。如必嫖赌乃可为乐，其必无心肝，直死人之不若耳！汝等青年自少时练习正当快乐，则一生受其益。今而后遇罪恶排斥之，宁使彼说我美，勿令众笑我弱。际此国家未亡时，大声疾呼，或可补救于万一耳。

（原载于《敬业》第1期，1914年10月）

# 舞台、学校和世界

寒假中，本校演《华娥传》新剧时，余向来宾演说，谓我校师生于演该剧时，固活泼泼地各尽其态，及开学后则各事其事，放纵毫无。盖一演舞台之戏剧，一演学校之戏剧，各求其妙，而不相淆也云云。余今日就此数语申言之。

昔英国文豪莎士比亚（Shakespeare）有言曰：The world likes stage（意即世界一舞台也）。余谓学校亦一舞台也。故就舞台、学校、世界，依次论之。

一剧中角色有工拙之殊。工者类能于出场前静坐默思，揣摩完善，迨出场时胸有成竹，故言语姿态唯妙唯肖，受人欢迎。否则，临场草草从事，何能中肯，何能制胜哉！然此犹剧之小者也，大之则为一校之剧是。

夫一校犹一剧场，师生即其角色。actors 其竭虑尽思，以求导人之道及自励之方。佳者，亦犹扮角之多为预备也。学生在校，不过数年，将来更至极大且久之舞台，则世界之剧是。

世界者，舞台之大者也。其间之君子、小人，与夫庸愚、英杰，即其剧中之角色也。欲为其优者、良者，须有预备。学校者，其预备场也。

以上三者，事殊而理一。其理甚浅，诸生想亦易辨。吾今不欲于此多费唇舌，唯愿诸生各自为谋、日求上进。则诸生可为新剧中之角色，且可为学校中、世界中之角色矣。

（原载于《校风》第20期，1916年3月6日）

# 改正过错

我校向章，学生犯规，则予悬牌记过。前以其太苛，故自去秋起，记过者不复宣牌，唯宣布其姓名于预备室，用以养其廉耻。然学生有过则记之，而不予以自新之路，容其改悔，按诸教育原理，使学生改过之道殊为不合。故今特变其旧规，不用记过法，而用改过法。

嗣后凡遇学生犯过，先由管理员招往诘问，如能自认其过，且立志痛改，则予以竹签一，书其事于上，名曰“立志改过签”，使随身携带，坐卧不离，以资警励。俟迁善后将签取消，复为无过。此法纯以使学生改过为主，当较记过之法为优也。今引关于改过之名言数则如下。孔子曰：“过而不改，是为过矣。”以此按名学推说，则过而改者必不为过矣！又曰：“过则勿惮改。”夫改过而曰勿惮，可见过亦非容易改者。改过之法，当于下论之：“子路人告之以有过则喜。”闻过则喜者，岂喜其有过也，喜其得自知其过，而可以改之耳！

某心理学家之说曰，习惯之在人脑中，犹道路然。凡人行一事，则留一道路于脑中，愈久而习愈深。如华人着西服，始则结纽也，着袖也，须处处留意。因脑中先无此路故也，继则着之不费力矣。脑中已有道路也。久则且着之于谈笑之顷矣。驾轻就熟，脑中道路已惯时也。又如弹琴、读书莫不皆然。故人之犯过，脑中亦留一路，改过云者，即求去此路耳。其法如下：

（一）勤辟新路。欲舍旧路，须辟新路。对于与其过恶相反之事而勤为之，则善愈固，恶愈远。此长彼消，理之常也。

（二）当众宣言，誓行改悔。已改过而使人知，则其过乃有不得不改之势。知者愈多，其效亦愈大。

（三）不许有例外。过须痛改，不可稍自容让。如戒鸦片，而偶因天气寒暖不和，或已身稍有不快，而复为一吸者，其瘾必不能断。盖改过自新，如缠线球，愈缠愈固，然偶或不慎坠地，则其球必散，数周皆开，前功弃矣!

（四）改过须自第一机会始。知已有过，即须立改，不可稍延。

学校对于犯过之学生，犹医生之于病者耳，非如警察之于盗贼也。医生对于病者，宜用最新之疗法。今我校“立志改过签”，本诸上引诸说，疗病之最新法也，且为诸生试之。诸生今日身边固未有竹签在也，然果皆无过乎？语云：“人非圣贤，孰能无过？”然此犹谓唯圣贤为能无过耳。中国之大圣为谁？非孔子乎？孔子亦每自谓为有过矣，然则诸生岂真能无过乎？身边虽无竹签，愿各置一竹签于脑中，力改前过。儒家之说云，天良与人欲战；宗教家之说曰，圣灵与魔鬼战；心理学者曰，二气相争，皆改过之意。愿与诸生共勉之。

（原载于《校风》第25期，1916年4月10日）

# 诚，一切道德事业之本源

## ——南开学校中学部第八次毕业式训词

二年前，由他校并入本校生徒共四班。四班中以此次毕业诸君结果为最良善。今兹言别，不禁黯然。每星期三辄与诸君谈，然则余所奉劝于诸君者，诸君闻之熟矣。但此次为最后致词于诸君之日，斯不能不举其较大而易识者，为诸君将来出校做事的基本。我所望于诸君牢记而守之终身焉者无它，“诚”之一字而已。即现在座而非毕业生之诸位来宾与在校学生，亦甚望有以共体吾言也。

就现在时局而言，袁前总统办事富于魄力，因应机警，即外人亦啧啧称道，然而一败涂地。其终也，纵极相亲相善之僚友亦皆不能相信，不诚焉耳。以袁一世之雄，不诚且不能善其后，况不如袁者。此吾少年最宜猛省者也。黎今总统才略不如袁，而即位旬日，全国有统一之势，恃诚焉耳！一以诚成，一以不诚败，而事实昭然。皆诸君所共闻共见，当不以所言为太迂远。盖权术可以欺一时一世，而不能欺世界至万世。不诚者，未有能久而不败也。用权而偶济，用诚岂不所济更大更远！中国近来最大患，即事事好用手段，用手段为行权术也。权术遍大地而中原人格堕。一种人而无人格与无此种人同。然则不诚之弊极足以灭种亡国。如此言，富强岂非缘木求鱼之道乎，可不戒哉！是故“诚”之一字，为一切道德事业之本源。吾人前途进取应一以是为标准。事出于诚，即无不成；偶败，亦必有恢复之一日。聪明人每好取巧，取巧而得巧，则处处思取巧，终至弄巧成拙，聪明反被聪明误，事后悔恨已无及矣！望诸君明征学理，细味不诚无物之言。近按时人详察一成一败之故，既深知之，即力行之。然则此后与诸君天涯海角，貌则离矣；意气相投，神则合也。言尽于此，奋尔鹏程。

（原载于《校风》第 36 期，1916 年 9 月 4 日。本文由孔繁霨笔录，标题为编者加）

# 中国人所最缺者为体育

我校运动会今已毕矣。余今日即借此题讲演，因此事近且亲切，当较讲数千年前之经传为有意味也。

德智体三育之中，我中国人所最缺者为体育。欧美之道德多高尚，公德与私德并重。我国人素重私德而于公德则多疏忽，近则于公德亦渐知讲求矣。欧美人之知识发达，学术皆按科学之理得来。我国人固望尘莫及，然其学术发达之年代尚不为久，我国人竭力追之，犹可及也。至体魄，则勿论欧美，与日本人较，已相差远矣！

去岁，袁观澜先生观天津联合运动会，甚以为善。在教育部中竭力提倡课外运动，良以中国人之身体软弱以读书人为甚，往昔之宽袍大袖者皆读书人也。今日学校生徒，若非提倡运动，其软弱亦犹昔耳。

我校运动会取普及主义。近两年来改计分法，上场人甚多，而成绩亦美。今年有数门之成绩尚较去岁华北运动会为优者，可见竞争之效也。

此次运动会，有新学生数人进步甚速，而旧学生反有失败者，此因其自满与不自满之故耳。凡人做事切忌自满。自满者，做事不成功之兆也。汝等不可自满，生存一日，即应求一日之进步。

竞争时，或因好胜之心过大，而不免有不正当之举动，此最宜切戒者也。即使用不正当之法，幸能胜人，而于道德已有碍矣。大凡有真才能者，必不肯用不正当之法以求胜人，如郭毓彬赛跑，纯恃其双足之力制胜。唐人咏虢国夫人诗云："却嫌脂粉污颜色，淡扫娥眉朝至尊。"貌美者，不借修饰也。某女校禁止学生修饰，某生不从，修饰甚力，问之则曰："吾貌陋，非修饰不足以掩丑也。"然不自知愈修饰愈见其丑也。运动者而求以不正当之法胜人，必其自无才能，亦彼女生之类也。

有几班跃高，好择竿之弯者而用之，曰以前某班即如此也。噫！是何言欤？在校见他人用弯竿，己遂效之，而不问用弯竿之正当否也，则他日出学校入社会人皆用弯竿，尚能望其独用直竿也乎？曰人用弯竿，而我用直竿我岂非傻哉？曰：然。欲成事者，须带有三分傻气。人唯有所不为也，而后可以有为。不问事之当否，而人为亦为，滔滔者皆是也。汝等若亦知此得处之道，则可出校入今之社会矣。见他人用弯竿，而己遂效之，此种事所谓引诱也，当力绝之。且夫用弯竿之易于多得分数，不难明也。虽小儿亦皆知之。汝用弯竿，人岂遂谓汝智乎！亦缺三分傻气已耳。

凡欺人者，即幸能欺其所欺之人，亦必失信于其旁观者，自损名誉，难逃人眼。若二人合谋欺一人者，其后必自相争，虽一时巧弄谲诈，使人莫我知，终亦未有不声闻于外者。林肯有云："虚诈可欺少数人而不能欺全世界；可欺人于一时，而不能欺人于永久。"其言信然。虚诈之事，一旦发露，人将群起而攻之，可不惧哉！人思至此而犹不急退自返者，是在知识为不足，在道德为软弱也。

人人具好争心。教育家善导之，使趋于正，则所争无往而非善也。苟一不慎，而稍事放任，则所争易出规矩之外。本校开运动会时，各班皆力争第一，宜也。然二十余班，不能皆得第一，终必有失败者。失败之后，尤须加意练习，毋得因是沮丧也。西人有言：为赢易，为输难。输非难也，输而能不自馁，不尤人斯难耳。凡成事者，中途必受折磨，须胜过此种阻力，不因失败而灰心，而后始有成功之一日。此种精神，为中国少年人所最要者，汝等共勉之。

此次运动会计分新章，不完全之处甚多，如各班分数，均以人数平均。

是于学生告假多之班，甚不利焉。后当重修定之。告假至若干日以上，则不计其分。

（原载于《校风》第30、31期，1916年5月15、22日）

# 欲强中国，端赖新少年

此次“修身”，余拟用十数分钟之时间，对于时事稍言大略，以启诸生阅报之观念，庶不致一见报章茫无头绪，读而生厌。余对于时事不常为学生言之，何也？盖吾国每有对外之事，即患应付无方。每易受人欺侮，欲图富强几于无望，恐学生闻之徒生悲观。且少年心性每多好强或受激刺，生悲观则希望绝，受激刺则愤言起，二者皆非少年所宜，此余之所以不常言也。然如绝口不言，使学生对于世界大势、国家前途一无所知，又岂教育之良法？此余之所以必欲言也。此次中学会议，有某先生提议，值此修身时间关于“国耻”，当常为学生言之，以启发学生爱国之心，而激励学生忧国之感，斯言良是。唯言之必使学生闻之不致徒生悲观，过受激刺方可，亦颇难措辞矣。盖中国一线之望皆在学生之身，学生之责任可知矣。而小学知识太简，不如中学学生知识较深，中学学生之责任又可知矣。故此案决议后，遇有机会即当加入时事，盖激刺不可太过，然亦不可毫无也。

今日所言之事为中俄协约。此事内容外间不得尽知，吾人可以往事征之。初日英协约表面为维持东亚和平，故日俄战争他国不加干涉，以有英监视也。其结果日吞朝鲜，此日之利用英也。英国海军皆在欧洲，亚东商业鞭长莫及，借日力得以保全，此英之利用日也。今则利尽交疏，故日又与俄协约，其意果何在乎？可思之而得也。我国适当其冲，来日大难未知税驾之所在于此，欲施补救之术果恃何人？旧官僚乎？新人物乎？官僚派吾无望矣！此次新登庸之人物乃竟有以烟土案而被嫌疑者，纵经百口解说，然径遥数千里，累累数千镑，岂竟一无闻知乎？岂竟毫无关涉乎？何不幸而冒此不韪之名也。一人之关系无足重轻。试就大势观之，吾中国或不至如朝鲜也。其首要原因曰：版图辽阔。邻虽强恐独力不能吞也。而各国战事方烈，当亦无暇东顾。此正转弱为强之好现象也。譬之病人，如人皆曰可愈，则精神为之一振；如自以为不救，则医药每至无效。我国今日，吾纵以为病虽危，尚不至诸医束手，决不至为朝鲜之续。明矣！今晨余至友朝鲜某君谈及亡国之惨，闻之不禁动颜。虽然，欲强中国责任谁归？曰：端赖一班新少年。然则少年自处应如何乎？曰：尽心为学，以备将来之用。语云：生于忧患，死于安乐。望诸生三复斯言。

关于训言者，余亦有数语，即上星期所言之预算，诸生已尽解之耶。盖天下事无论为全国、为各人，均非有计划不可也。中日之役而日胜，日俄之役而日又胜，皆计划之功也。此国与国之对待也。至以各人论，凡行一事，亦每至有阻力生乎其间，必须继以贞固之力，方不致徒托空谈。语云：言之非艰，行之维艰，是非具有一种能力以胜此阻力不可。余尝为汝等计划约有二法：一为先生之辅助，二为诸生之自治。夫然后先生之力渐减，学生之力日增，庶几人人皆具自治之精神而有做事之能力也。

关于体育者，复有一事，曰：检查身体。本校学生约近千人，人数太多恐难遍检。兹由医士列一病单，可按症填之，万勿隐病不言。本校学生徐绍琨、张润身之死，皆吾辈之过。殷鉴不远，其戒之勿忽。

（原载于《校风》第37期，1916年9月11日）

# 以社会之进步为教育之目的

开学之始，曾以活、动、长、进四字相勉。而今合起来论此四字，不过单就个人的长进而言。

夫教育目的，不能仅在个人。当日多在造成个人为圣为贤，而今教育之最要目的，在谋全社会的进步。

诸生当听过进化诸说。下等动物长为高等动物，高等动物进而为人。人再长，又分为二项：一为心理的长进（psychologically），一为社会的或合群的长进（sociologically）。

人同人组合起来，其效用能力之大，自非一人可比。现在世界何国最强？其原因何在？一至其国，便可了然。其最大的原因，就是比我们齐，亦如一家哥们兄弟均不相下。若一家只仗一人，则相差太多。社会国家同是一理。所以，近来教育家不仅注重个人长进，并注重社会的长进。Social end 不仅在心理的长进，而在多数人的齐进。因为社会乃个人联合而成者，若社会不进，则居此间之个人，亦绝难长进。是以个人强，可以助社会长；社会长，亦可以助个人强。是二者当相提并论，不容偏重者。

现在西洋人对于教育青年，均使之有一种社会的自觉心（social consciousness），而吾国多数人尚未脱家族观念，遇公共事则淡然视之。

予前去北京，于车中见有以免票私相售受者，何其不知公共心一至于是耶？彼以铁路为公家者，但能自己得利，则虽损坏公共利益，亦无所顾忌，而旁坐诸人，亦以此非自己之事，故不过问，亦不关心，若此情形，实为社会流毒（social evils）。细考京奉、津浦各路间，此类事殊不少见，似此流毒究竟责在谁人？吾以为虽有强政府、有能力之总统、严厉之法律、有组织之路局，亦不能铲除净尽也！唯有国民社会的自觉心可制此毒。舆论力攻，众目不容，以此对于公共事业之非理举动，即对吾等各个人之举动，有伤于吾各个之权利，则若斯流毒，无待总统法律，自然消灭于无形。国民社会自觉心，诚有不可及之效力。

在京见美国公使，谓国人近来能得钱者，发财后多退入租界，是诚可耻之事，而舆论亦不攻击，甚有争相仿效，以不及为可辱者，真是怪事。而予窃不以为怪，因其所以如是者无他，国民的社会自觉心，Social consciousness 未长起来耳。

今者时间有限，姑不多论。即就所以长进社会自觉心，而能谋全社会进步的方法上着想，则须于改换普通道德标准上有所商榷。

若不骂人、不偷、不怒、不谎、不得罪于人等事，先时多谓此为道德很高，然而此为消极的，于今不能谓此为道德。盖彼者，不过无疵而已，于社会虽有若无。今因于社会进步上着想，吾等当另定道德标准，谓："凡人能于社会公共事业，尽力愈大者，其道德愈高。否则，无道德可言。易言之，即凡于社会上有效劳之能力者，Social efficiency 则有道德。否则无道德。"若斯数语，包含无限道理。愿诸生用为量人量己之尺，相染成风，使渐渐社会上均用此尺度己，亦用此尺量人，则去所谓社会自觉心、社会进步者不远矣。

然而徒知此理，于社会毫无所用。先时教育多尚空谈，殊觉无用，若无实习，恐且有害。美国某教育博士曾谈笑话，谓有函授学堂教人泅泳，学者毕业后投身水中，实行泅泳，竟至溺死。此喻仅知理论而无实验之害，诚足惊人。诸生欲按此尺而为道德高尚之人，幸勿仅求理论，更当于己身所在之社会，实在有所效用。于此先小做练习，至大社会时，自然游刃有余。所谓己身所在之社会，对诸生言，如班、如会、如校，如各种组织均是。予此二次所言者，即教育着重个人的长进，更须着重社会的进步。

（原载于《校风》第117期，1919年3月18日）

# 做事之方法

日前我们开展览会及乐贤会，会前大家说要教它成功。洎今回想，诸位师生及来宾均极满意。我们本校的人借此亦可看看本校的真相，知道自己的短长。予初由外边回来，更可借此振作精神。若论此会的效果，除经济的社会的以外，对于我们个人做事的经验，实在长了不少。

上次吾说了两个题目。一个是教育对于个人的长进；一个是教育对于团体的进步。如今正在开会之后，回想这次做事的手续，颇可论论。个人可以由此得经验，团体可以因此有长进，故今日题目为做事之方法，盖此亦教育目的之一。

人必得做事，然后才有用。即无用之人，亦需做事，如同普通人必行的吃饭、如厕，种种琐事，均需自己去做。所以既为生人，便须做事。不过做事的法好，则效力大；做事的法坏，则效力小。吾们比别的国人相差的点就在此。

譬如将做某项事，事前想想如何做法才好。这时候所念过的书，所得过的经验，都要拿来放在心里，作为参考。到底是怎样做法才好，这就是做事的第一步；顶到想出各方面的情形来，然后再想从哪儿去做，这就是第二层；然后第三层就是实地去做。做后反复思维，以见这个事的效果何如，便是第四层。是以做事当有四层手续，虽不必层层去分，或者并未想过这四层的道理，然而无形中这四层，总须有的。不然这事便不易有好效果。这四层：一研究，二计划，三执行，四评论。英文名词为 Study、Plan、Execute、Judge。末后评论一层亦实在要紧，因为这就是专制与共和的分别。专制则只有遵命；共和则必按理去行，后复加以评论。此次所言为如何去做，下文当言如何去想。

（原载于《校风》第 118 期，1919 年 3 月 25 日）

# 教育者当注重人格感化

吾人平日所任之职务虽不同，但吾人之目的则一。目的维何？就是要造就新人才，去改造旧中国，创造新中国。因为吾人抱同一之目的，无论吾人所任者为各课之职务，或各科之功课，随时随地都宜往同一方向走。力合则效力大，力散则效果微。望同人其共体斯意。

任教育者当注重人格感化。人格感化之功效，较课堂讲授之力，相去不可以道里计。

（原载于《南开周刊》第69期，1923年9月11日）

# 青年的择业、婚姻和信仰*

日来，余征求诸生建议修身班之讲题，所收殊不甚多，望诸生多多建议。综观所收建议，偏于知识方面者为多，若金佛郎问题、承认苏俄问题等，而关于诸生自身之问题则殊不多见。以吾观之，二十岁上下之青年，问题实最多。唯以其经验甚少，常不肯使人知之。今试略举一二种：若择业问题，岂非现在个个少年之重要问题，且须立时解决者？此问题在甚紊乱之中国社会中尤不易解决。盖在中国社会中，稍有知识者做事机会甚多，少年人每不易为适当之抉择，此其一。其次婚姻问题，亦为现在中国青年之一最重要问题。现在青年，有未定婚者，自宜缓定，为是。至其已定者，或即将定者，果当以何法处之？即退一步言，婚姻已可自由果应如何审慎，始不致有以后之翻悔乎？此其二。再次如信仰问题，吾人生活于世，苟无确定之信仰，确定之人生观，则一切经营造诣必皆毫无根据，挫折一来，初志即可变易。故青年人对于自己之信仰，亦殊为一亟宜解决之问题，此其三。青年人之问题固不只此三种，而此三种，实可为每个青年人之问题。诸生此后务要将自己问题完全不加隐匿，余他日尚拟请若干学者专为诸生讲演此种问题，则诸生对于自己问题之解决或可获若干参考资料也。

（原载于《南开周刊》第88期，1924年3月29日）

---

* 本文是1924年3月28日张伯苓在南开中学高级修身班上的演说。

# 交友之道*

照现在大、中两部统计，知本校之大学部学生，凡由中学部升入者，虽资质各不相同，而预备财多甚充足。至于由他校毕业直接考入预科者，程度或不能不稍差，而进步实甚速。盖因考入之学生天才生甚多也。照预拟计划，本系于今岁将大学部预科停办。但日前会商之结果，为收容他校程度稍差之天才生起见，预科暂仍继续办理。

次乃讲演择交问题。吾曾得诸生若干对于修身班讲题之建议，系择交问题。以吾观之，此问题虽亦颇重要，但较之余上次所讲之择业问题、婚姻问题及信仰问题，则相去甚多。今试为诸生略一述择交之道。

照现在眼光视之，今日择交与古之择交略异。古之择交之道甚严，而所友甚寡，友寡故过从甚密。至于今之择友则范围略广。即以诸生现在情形论之，凡属同学即皆谓之友亦无不可。古代诋多友为朋党，而今日交友范围虽广，然亦反对以小团体而影响于社会之福利。从此可见，择友之道古今实无根本之差异。中国古代之善友者，若三国时刘（备）、关（羽）、张（飞）；战国时之管（仲）、鲍及俞（伯牙）、钟（子期），皆极为人所悉知者也。孔子谓友有三种：若者直，若者谅，若者多闻。此实一交友之准绳也。

---

* 本文是1924年4月3日张伯苓在南开中学高级修身班上的讲演。

今人每谓友之极密者，曰知己。所谓知己，即所以望友之赞己之长，慰己之苦。然若深一层思之，则人各有长短，苟只望人之称赞，而不欲人之规诫。且人皆欲人之赞、人之慰。然则赞人慰人者，果何人者。明乎此，则交友之道思过半矣。

（原载于《南开周刊》第 89 期，1924 年 4 月 12 日）

# 奋斗即是生活的方法 *

近几个月以来，我对于公众聚会，可以辞脱的总辞脱。因为我连月来都在解决零星片段的问题，心思也就不能联络一贯，说出话来恐怕也没甚意义，所以我不愿参加聚会演说。但有几次不能辞脱，不可不去说几句话的。如同在津的出校同学上次在国民饭店春宴，到的人数很多，主席马千里先生要我演讲，我就用了十分钟的工夫，谈了一会话；春假的时候，北京的南开同学会在京会宴，主席也叫我做了十五分钟的谈话。这两次的谈话，意旨都是一样的，不过字句间有不同。这两次谈话时间都很短，不能畅所欲言。我本想用几天的工夫，将那番谈话的意旨演绎出来，和你们谈谈；但这几天我仍然在解决着片段的问题，直到今天早晨，才抽暇想了一想，现在就和你们说。

我谈话意旨的大概是奋斗即是快乐，或者说奋斗即是生活的方法。当时在座的出校同学，都是已经脱离学校，在社会上寻生活的。他们既然在各界任事，顺逆也有不同，但是，假若一遇到逆意困难的事就精神颓丧，不高兴，那么，做事的能力也就一天一天减少，生活还有什么趣味？所以我对他们说："处世要有奋斗精神，要抱乐观态度。失败了，再继续着奋斗。我们并

---

* 本文是 1925 年 5 月 4 日张伯苓在南开中学高中集会上的演讲，由张志基记录。

不是决一死战，一次失败，就永远失败了，没有进取的机会。我们应当仍然向前干去，努力，奋斗。即使偶尔侥幸胜了，也不要以此自骄自满，仍然本着奋斗的精神，向前途努力。但是还有一样很紧要的，就是抱乐观态度，不要对于生活和环境发生厌倦。比如你家庭中天天见面的陈设，年年如此，丝毫不改，久后就怕生厌了；那么你何不将陈设的地位改换一下，或者加些油漆，不也就焕然一新了么？讲个笑话吧，诸位结婚都已多年了，假如对于诸位的夫人感着太熟悉、太平凡了，那么，何不给她做件新的衣服穿穿，不也就换了个样儿么？人的生活能够永新，他的精神也就永新，而他对于奋斗，也就自然感着兴趣了。”

我这番话，你们也许不懂，这因为你们还年轻，还没有经验。在京的出校同学，大多都是四十岁内外了，他们踏进社会已有十几二十年，并且现在都有职业，也经过些艰难困苦，我看他们都能了解我的意旨。他们在校的时候，我也曾和你们现在谈话一样和他们谈话，这次不过是在他们在人生的旅程的中途，我再提醒他们一句罢了。你们将来也是要走向人生的大道上去的，那么我何不现在就告诉你们，保持着你们的生活，使它永新；保持着你们的精神，使它永新；本着这个永新的精神，来应付这人生一切的问题呢。

我总以为，世界上的一切是人创造的。我们的生活是创造的生活。我们应该本着奋斗的精神，创造一切，解决一切。能够如此，你才能对于生活发生兴味。否则虽然你年龄幼稚，而你的精神却已衰老了。我们更不应该对于现在感着满足，因为我们生活的目的是奋斗，不是成功，是长进，不是满足。我们能说，我们只要长进到某一地位、奋斗到某一步骤就行吗？我小时候曾见一富家子弟，那时他已二十多岁了，染了吸鸦片的嗜好，每天睡到下午五时才起身，冬天披了重裘还嫌冷。这种生活岂不是受罪吗？哪来的快乐？我那时批评他是没福享受。现在看来，原是他自己不能奋斗。而考察他不能奋斗的原因，却是他家富有，他对于当时的生活已感着满足，不想再上进。如此看来，多财的确是消磨青年人志气的大原因。青年志气一消磨，对于生活觉不出兴趣，事事都觉着呆板、单调，对于年年的花发、旦夕的风雨，都怀着厌倦，那生活着又有什么意义呢？倒不如自杀了。其实，生活是那么无意义吗？是那么困难而枯燥吗？那却不然，只是他自己没有志气，精神颓丧罢了。

那么，怎么可以使我们感着生活的兴趣呢？唯一的答案，就是奋斗！我们须放大眼光，勿对于一己的利害患得患失。我们应做有益于群众的事业。侥幸胜了，不足为喜，因为我们的目的只在一辈子的奋斗，而不在一时的胜利。假如败了，也不要失望，因为失望能使你精神颓丧，减少你奋进的勇气。有人批评我是苦命的牛，要拖一辈子的车。不错，让我拖一辈子的车，这就是我的希望，这就是我生活的目的。

近百年来，科学发达，知道人类是逐渐演进的。那么，我们的生活，当然要永远向前进步。我们应该认定：不断地长进，是我们生活的目的；永远地奋斗，是我们生活的方法。我们绝对不能故步自封，安于现状。我们须本着奋斗的精神，采取乐观的态度，从事于我们的创造的生活。

（原载于《南开周刊》第121期，1925年5月4日）

# 熏陶人格是根本 *

刚才主席说："二年前，曾经有过商学会组织。这次不过中兴罢了。"大概那时时机未熟，所以未能顺利进行，现在时机看来成熟了，希望你们立下稳固的根基。

我们学校里，现有文、理、商、矿四科。文、理、商先立，矿科是后添的。但论起精神，矿科最好。它的原因是什么？据我想，矿科每个暑假有练习，同学得在一块儿玩耍或讨论，所以其乐融融，感情甚好。矿学会的组织，虽然也有教授帮助他们，却是个自动的组织，成绩最好。它的原因，也是我前面所说过的暑假有练习。你们商科这次组织商学会，联络校内外同学感情，为将来做事之备。我希望你们的成绩，不落矿科之后。

南开大学教育目的，简单地说，是在研究学问和练习做事。做事本就是应用学理，将平日所得来的公律、原则、经验应用出来到实事上去。

研究学问，固然要紧；而熏陶人格，尤其是根本。"君子不重则不威，学则不固"，个人人格是很要紧的。人格要与人合作，才能表现，假使你孤居远处，隐居鸣高，那么就是你有高尚人格，也无由表现了。我希望你们同心协力地去合作，表现你们的人格，而达到你们的目的。

---

* 本文是 1925 年 11 月 25 日张伯苓在南开大学商学会成立会上的讲演，由尹慎记录。

人不必怕穷，更不必自私；我不信自私有济于人，我却信社会上各种事能对公私皆有利者，始有济于人。拿着公众利益的目的去做事，决不至于失败。假使真为公而失败，也不算失败。我几十年信此甚深，一意力行，始终未渝。假使有人要在那一界，乘着机会发点财，先为自己谋温饱，这种发财的人，人家对于他，固然不满意，就是他自己以财多受累，也不见得就痛快！

现代科学昌明，工、商、农界都有新的发明和新的组织。我希望南开大学能造出一班有组织能力之人，以发达中国的实业，而谋国家的富强。

现在风行一时的，不就是共产主义吗？它的发生的原因，就是分配不均。一个社会里，有几个资本家拥有大量的财产，群众对于他不满意，因而有罢工等事。但是这些事，是在西洋常见的。中国的现状，说不上有产，有的是些做工工具及机器，这些东西能帮助着人生产快，并且也不能为一个或几个人所独有。所以现在的中国，不是产业的不平，是政治上的不平、政治上的糜乱。我理想中想造出一班人来，发达中国实业，为公的，而非为私的。

我的理想，如何实现，在办教育。所恃靠的人，即你们商科的学生。你们今天开完成立大会后，起首去做，希望着达到你们章程上的目的，至于能否达到，要看你们做得如何。不过在现在的中国，为中国历来未有之时机，到处皆机会，不致有“英雄无用武之地”之憾，顶着头去干，快乐极了。

你们的智力、体力及家资都很够用，又有一个很安静的地方来读书；读书疲了，还有我这个“做梦家”替你们吹气，环境还不算好吗？现在时局扰乱到如此，一般醉心权力者失败必矣，恢复及最后成功的责任，端在你们预备中的青年。

有人说我厌谈政治，其实何尝如此。实在地讲，今日之政治，无所谓政治。中国现在之政治，一官僚之政治，政客之政治耳！政客把身卖与军阀，是为饥寒所迫，不得不然，假使不出卖，就没有饭吃。我并不是不谈政治，是谈政治的机会没有到。我认为要人人有业后，始可谈到政治。现在一般在政界混饭吃之人，皆家无常产，没有饭吃，机会一到，乱喊乱咬，我尚忍心劝人去入此陷阱乎？所以我的方针，是先办实业，后谈政治。从实业中拿些钱出来，去办政治，不是从政治中拿些钱出来，去买议员，这种先实业而后政治，就是我的政治梦。少年人做事，要有眼光，要有合作的精神。有了合作的精神，才有同心一志的意向。一个人上去，不要总去骂人家出风头，中国人真正应当出的风头不去出，所以才闹得中国到这个地步。有人上去了，我们应该去帮助他，不要拆台。少年人固然有些是尖头，只想占便宜，不管闲事，只晓得找人家的错处，而自己又不去做；但是这种尖头的事，小的时候，固然觉不着什么，到了长大成人，出去做事，就不行了。假使有一个同学在某处有点建设，要用一个人，一提到尖头的印象，他就会拒绝引用，这种事确不是小的。眼光要远，有了远的眼光，才有发展的机会，中国现在到处是未开辟，此时不去做，何时去做？

我希望你们，第一联络在校同学的感情，如同矿科一样，再联络出校同学及实业界各人，按部就班地往前去做，到后来就觉着快乐了。我的做事的秘诀，就在快乐，你们如能保持这种乐观的态度，成功如操左券。我在这个成立大会里，因未有预备，随便地说了些闲话，但是我很热烈地希望着你们努力合作，达到你们的高尚目的。

（原载于《南大周刊》第24期，1925年12月7日）

# 学行合一*

上期周刊登了陶行知先生为本校教职员演讲的一篇稿子，题目是《教学合一》，大家想都看过了。陶先生的意思，说教学应当合一。他的理由是：一、先生的责任在教学，在教学生学；二、教的法子必须根据于学的法子；三、先生不只是教学生学，并且同时自己也要学。我对于他第一个理由，还有些意见，陈先生已约略地写了几句登在周刊上。现在，用这几十分钟，我再和大家讲讲。

我的意思，以为以前的“教书”“教学生”，固然是不对；但是“教学生学”就能说是已经尽了教之能事了吗？这个，据我看，还是不够，应该再进一步，教学生行。中国古代的教育的特点，教学生行也可算是一个。我现在可以举几个例，来证明孔子的“教学生行”。

《论语·学而》章有几句话：

> 子曰：弟子入则孝，出则弟，谨而信，泛爱众，而亲仁；行有余力，则以学文。

---

* 本文是 1925 年 12 月 17 日张伯苓在南开中学高中周会上的演讲，由蔡昭明、张志基记录。

这里所谓的“孝”“弟”“谨”“信”“爱众”“亲仁”，不都是关于“行”的方面的吗？你看他底下接一句说：“行有余力，则以学文。”他对于“行”，是何等的重视！反观现在的知识阶级里的人，多半是学有余力，则以求行；只顾求学求文，反把“行”一方面视为次要，甚且毫不注意。这是什么道理呢？难道说古人须讲“行”，而今人可以不顾吗？

再看《中庸》上的一段话：

> 博学之；审问之；慎思之；明辨之；笃行之。

这几句话将我们求学的步骤指点得清清楚楚。我们要博学，但是仅仅听受得很多，而不加以讨虑，他人怎样说，我们怎样听，没有丝毫怀疑、思索和辨明的功夫，那又有什么益处？所以那“审问”“慎思”“明辨”三步是必需的了。这几步功夫都有了之后，可以说声“知道了”就算完事吗？仅仅“知道了”有多大好处？所以“明辨之”之后，接着就是“笃行之”。着重还是在一个“行”字。

再举一个例来说吧，《论语·雍也》篇说：

> 哀公问：“弟子孰为好学？”
>
> 孔子对曰：“有颜回者好学；不迁怒，不贰过……”

哀公问的是谁好学，孔子答了颜回好学，似乎就可接说“不幸短命死矣”。可是他却插入“不迁怒，不贰过”两句，这是论他的“行”的。由此可见孔子心目中的好学，乃学行并重，而不是死捧书本的。

有些人以为“教学生行”很困难，在现在这个时代，无从着手。譬如你教代数，教他行 X 呢？还是行 Y 呢？并且，现在学科这么繁多，顾功课还来不及呢。诚然，现在的社会，比从前的复杂得多。一个人的知识，也应当比前人的多，才能处在社会里头。所以“知”的方面的科学等，应当多多教授。但是，仅仅得了许多的知识就能满足了吗？“学”的一方面即使十全十备，而“行”的一方面丝毫不注意，这样能算是个完人吗？这当然不对。所以，我以为最低限度，即使“行”不比“学”更重要，也应当“学”“行”并重，不可偏废。

学行并重，我们知道是应该的了。但是，怎么“行”呢？是否教工程学的除了课本上的知识而外，还教学生实地练习就叫作“行”？这个，并不是我所谓的“行”，也不是古人所谓的“行”。我所谓的“行”，是行为道德。提起道德，我又有些意见。近来一般人以为人类是动物的一种，他能够生存，他当然不免有欲望；可是一人能力有限，要合多少人，才能使生活的欲望满足；在这共同的努力的关系上，发生出公共的道德信条。这种说法，是从利害上着眼的，而不是从是非上着眼的。现在的人，可以说他们是智者，因为“仁者安仁，智者利仁”，他们都是从利害方面去观察的。这个，固然也是一时的潮流所趋，不易避免。但是我们既然觉出他的错误，就应该力自拯拔。像《论语》里曾子所说：“吾日三省吾身：为人谋而不忠乎？与朋友交而不信乎？传不习乎？”那么自己监督着自己。对于学的一方面，也同样的重视努力，使学行两方，平均发展。世界上的人全能如此，那么，现在的那些奇形怪状的事情，早就不致发现，而我们的生活也早就安宁而美满了。

时间匆促，不能多说。现在，让我把我的意思总结起来说吧：现在社会上的变迁很大，而多流于偏废，只重物质，不重道德。尽管“学富五车”，而行为可以私毫不顾。这种错误，我们既已觉察出来，就应极力矫正，学行并重，才可免畸形发展的弊病。所以，现在的教育者，不但是不能以“教书”“教学生”为满足，即使他能“教学生学”，还没有尽他的教之能事。他应该更进一步，“教学生行”。“行”些什么？简言之，就是行做人之道。这样，才能算是好的教育。

（原载于《南开周刊》第1卷第16号，1925年12月28日）

# 学生的自立基础*

远方学生不惮跋涉，来此求学，非专为师长良好，设备较优，实以南开的教育宗旨在使学生“自动”“自觉”，自负责任以求上进；于是造成一种良好校风，而全校学生于不觉不知中随之亦好。所要者诸生在校能自立，到社会里去更须不为环境所动移。值此求学时期，诸生当以道德、身体、知识三事为自立基础。

青年在预备时期如知识之增进、身体之锻炼、道德之修养，三者须同时并进。深望诸生勿以等闲视之。

（原载于《南开双周》第 6 卷第 2 期，1930 年 10 月 17 日）

* 本文是 1930 年 9 月 23 日张伯苓在南开礼堂初二年级集会上的讲演。标题为编者所加。

# 提倡课外学术观摩会 *

吾校当此遍地天灾人祸、交通阻隔之际，而国内各处来校投考之学生，犹如此踊跃，今与诸生——中国有为之青年——相聚一堂，实觉前途光明、愉快万分。吾人在南开服务或求学，应本着“抬起头来观察世界大势，低下头去脚踏实地工作”之目标，勇往前进。至本学年之工作可报告者甚多，兹举其大者，则为筹办学术观摩会，以谋增加诸生之课外生活之兴趣。

（原载于《南开双周》第 6 卷第 1 期，1930 年 10 月 6 日）

* 本文是 1930 年 9 月 1 日张伯苓在南开中学第 53 次开学式上的演说。

# 对于南开校友的展望

——燃起了复兴民族之火

这次“三六”募款运动，赖诸位校友的共同努力，不但没有失败，结果还能超过原定募款数字三分之一以上，足证诸位校友的热心劝募，社会人士对于南开的爱护与赞助，我们实在觉得很可庆幸。

“三六”的用途，当初议定的总数三分之一作为南开大学的奖学金；三分之一，作为南开中学的奖学金；其余的三分之一，作为南开校友会的发展及社会教育事业的推广。募款的用途既经规定，此后利用该款的效率如何，就在乎我们支配的方法是否得当。

我对于校友会这宗款项究应如何利用，曾同校友会阎子亨主席谈过。我们的用款目的，不只求有益于校友自身，应当将范围扩大，还求有利于国家。我国自遭“九一八”的严重困难，暴露了国家的弱点、民族的颓唐，几乎国将不国。在这国势阽危的时候，凡我国民，均应奋发精神，为民族争生存，尤其是我们知识分子，更应“先天下之忧而忧”。我个人是主张教育救国的。南开学校，永远是随着时代进展的，以后对于学生之如何训练、课程之如何切实，当然更要与时俱进。可是我们南开的校友，也不能为时代之落伍者。诸位校友或在中学毕业，或在大学毕业。在学校的时候，固然都能努力求学，但是出了学校置身社会，因职业与环境的关系，恐怕对于求学的志趣没有像在学校时那样浓厚，所以想引起校友的读书兴趣，比在校的学生困难。好在我们南开的校友，都有一种所谓“南开精神”，并且诸位在社会上，也全有相当地位，只要不甘安逸，做起来也很容易。

近来新文化运动，提倡读书，注重充实人民的知识，这确是一个很好办法。孔子与子路论六言六蔽说：“好仁，不好学，其蔽也愚。好智，不好学，其蔽也荡。好信，不好学，其蔽也贼。好直，不好学，其蔽也绞。好勇，不好学，其蔽也乱。好刚，不好学，其蔽也狂。”可见人生于世，要想成个有知识的完人，非求学不能做到。所以我盼望南开的校友，都能随时求学，“日新月异”。古时的事理简单，如果读了书经，就可博通历史，学了易经，就算研究哲学。今世则不然，中外历史浩如烟海，哲学的玄奥，有“天演”“相对”等论。诸位校友，或服务于教育界，或任职于海关、邮政、银行……究竟应求某种学问，充实哪样知识，现在据我看，在诸位校友的进程中，应有下列的认识：

（一）*求怎样做人的知识*。诸位校友一方面做事，一方面需不堕落、不颓唐，能够“束身自好”，在社会上才能有进取的展望。孔子说：“不学诗，无以言；不学礼，无以立……”所以诸位校友，要多读关于身心修养的书！

（二）*要有团体组织*。诸位校友如果每人能以余暇的工夫，十分之一或二十分之一联合起来，成为一整个健全的单位，共同努力于有益团体及国家的事业，一定能有充分的力量与显著的成效。近来多“结党营私”，我们南开校友要“结党营公”。

（三）*求知识的方式*。就个人说，每日必看日报。在北方有价值的报章，如《大公报》《北平晨报》《益世报》等，每位至少须订阅一份。关于杂志类，如《独立评论》《国闻周报》……内容都颇丰富。以团体言应有组织，如“演说会”，聘请专家演讲；“座谈会”，彼此讨论问题；及创设小规模“图书室”，俾校友们便于参考和探讨。

（四）*努力于有益国家的事业*。求知识，不仅限于个人方面，应当扩而大之。凡对于国家有益的事业，我们校友们就要通力合作，多做贡献。因为我们是知识阶级的领导者，应自负是复兴国家一支最强劲的生力军。本南开的“硬干精神”先由天津总会做起，再逐渐推及于全国各分会。固然是“言之非艰，行之维难”，如果诸位校友能以“三六”募款那样的热心，不断地努力工作，对于现社会的“愚”与现社会的“穷”，一定能有相当的补救。现在就燃烧的煤球作比喻，如将煤球密集一处，则火光熊熊，燃烧力大。若将煤球散放，则光焰微弱，燃烧力小。我盼望诸位校友要将“三六”募款的热力，仍继续着燃烧，并且要与煤球一般的密集，使燃烧力更为强大永久。若只募款三万六千元，那不是我们唯一目的。我们希望“三六”募款燃烧力，蔓延到各处，它的热量散布到全国！我们南开学校，这三十年来，永远是燃烧着。现在各处都起了火光，南开的火光能否冲天，而烛照万里，就看我们南开，今后供给燃物的质量如何！

中国的民族，能否复兴，就在最近这几年内判断。试看东邻的日本，无论工业、武备，没有一样不现代化，真令人佩服！我们中国的民气，消沉、颓唐，这真是朽老民族的特征。我希望我们南开的校友一齐燃烧起来，做事“不自私”“肯为公”“持之以诚”“继之以勇”，个人成功，社会蒙庥！同时我更希望能将校友楼扩大利用，方不辜负阎子亨主席设计建筑校友楼的一番苦心！

（原载于《南开校友》第6期，1935年5月）

# 认识环境，努力干去 *

开学那几天，因为学校的事到南京去，所以没得和大家谈话。今天借这个机会，和新旧学生稍微谈谈现在的情形，看看本学期咱们应当怎样做法。

这一次始业式是许多次始业式的一次，可是环境有了许多的变化。我们先要认识环境，再说怎么样应付环境。不能应付环境，要被淘汰。教育是帮助人应付环境的。既然要认识环境，今天就把个人所认识的所感想的说一说。最近几年，特别是最近几个月，有个很不安全的感觉。我们自以为是一个国，而这个国可是没有门，没有墙，这怎么好！以前我们住在什么环境里呢？以前的环境，四面的墙一齐倒，彼此互相支持住，没有倒下，我们就在这个环境下住了多少年，觉得很安全。大家在底下还要乱打乱闹，你看该死不该死！现在几面墙都塌了，有一面墙要整个地倒下来，自己又没有柱子支着，让它倒又受不了。早也不知干什么去了，抬头睁眼一看，各方面的势力都跑了，只有一个大势力来啦，如“冰山之释”，这是多么不安全！中国人真有这不安全感觉了吗？不完全都有。我希望我们南开的人，都有这个感觉。以前的事，不能说，也不必说了，在墙下胡闹的机会，再没有啦。以前的事情，人人都应该负责，我也是应该负责的。

---

* 本文是 1933 年张伯苓在南开大学礼堂的演说词。

有这不安全的感觉，应该怎么样呢？第一，不要像从前说孩子话，什么痛快说什么。回想前几年，小孩子气到万分。学生固然如此，甚至执政者也这样。现在这种举动万万不要有。快快想法子盖墙、盖门（要是懂得这个话，就是国防）。院子太大，不能都盖，哪怕盖一个角呢，也比不盖好。记住啦，在这个不安全的情形之下，第一，不要随便说话，第二，快快盖自己的墙，挡住那猛扑而来的势力。墙倒下来，大家一同都要死的。以前闹私的感情，闹意见，现在不要这样了。

这几个月以来，我的第二个感想就是以前做的事情，满不彻底。我觉得我自己做的事情，也不彻底。这并不是谦虚。我盼望南开的人，此刻都大彻大悟，万不要因为小小的成功和进步而得意。我常想我们提倡体育，已有三十多年，体育比以前进步得多了。以前，长指甲，走路都走不稳。以前跳高跳四尺多就了不得啦，现在差不多到了六尺了。跑啦，篮球啦，都比以前进步多了。我们在国里觉得自己的进步，到了一开远东运动会、世界运动会一比，就不成了。我们进步，人家进步得更快。你要知道，自己进步是没有用的，有一点不如人，全局输了，自己的一切进步都没用了。所以彻底还要彻底，紧还要紧。自己认为小的进步不算，非彻底不行。说是比从前好得多了，等于白说，试看看别人的进步怎么样。现在情形这么险，我们应当怎么样做。上一次我对中学说话，提出了三个要点，我现在也给你们说。

**第一，中国人太自私，不能合作。**无论什么时候，什么事情，都可以看到自私的现象。我常坐在一旁，自己不说话，听人谈论，很少有人说到为公为国。例如做买卖吧，买卖是大家的，人人都要入股才行，人人都要提款，那岂不是坏了，岂不是糊涂么？又例如一个航海的船，全船要沉了，还有些人只管坐在舱里守着自己的财宝，看得太小太近。我们这些人不有总名称么？分开说罢，你姓这个，他姓那个，你是这省人，他是那省人，你是南开，我是北洋，但是这些人有总名儿，就是“中华民国”。总的东西要叫他存在，自己才能存在。要想叫他存在，看为他努力的人有多少。想着，真险呀，向公家添煤添油的人太少，揩油的人太多，这如何能好。

年长的人快死了，不要管他们，希望都在青年人身上。我在中学礼堂讲演，看着男女中学学生一千七八百人，真精神，我高兴。我今天看见你们，我也高兴。青年人要顾公，不要净顾自己，从自己起，每天想三回——

我真爱国么？我自己对公家有好处吗？我自己对公家有害处吗？

你自己这样问你自己，你们都这么大的人，也用不着我给你们说什么是好处，什么是坏处。

中国人的自私心比各国人都大。就知道为子孙为家族，可是不知道为国。中山先生说知难行易。做着容易！就是这个“知”真难。中国人几时才知道为国，知道无私就是公？我有一个比喻，旧学生听过多次了，新学生还未听过。我到各处学校演讲，用拉绳来比划。绳子一共是六根。一个气力大的人拉一头，那五个人要向一处拉，就拉过来了；五个人分向各处拉，就拉不过来了。这样浅的理，何以不懂呢？懂，为嘛不做呢？就是太私。要下修养功夫，练习公。这次在南京给遗族学校讲演，学生都是七八岁的小孩子。我问他们，你是哪一国人？他们说是中国人。有没有没人的国？他们说没有。中国人多不多？他们说多。中国强不强？他们说不强。为什么不强呢？小孩子说，不能团结。小孩子都懂。我痛快极啦。可惜的不是真知，不能做。拉绳懂了，别的事还是不懂。中国的事很简单，只要懂得这个道理，就易如反掌。中国人多，又不傻，地又大，何以不好？由于不能团结，太自私。公由哪里起？由一班、一个学校起下功夫，练习为公。

中国人还有一种特性。小孩大人一样，总不愿别人好。大家在一块谈，谈到别人的坏处，大家精神百倍；说人好处，就不高兴了。好像不愿中国有好人，这就是亡国的根源。我在南京，提议组织一个会，专写匿名信。匿名信本是骂人的，我们以为一骂他，他就可以做点好事，其实，他更不做好事。所以要写捧人的匿名信，叫他今天接一封，明天接一封，日子长了，他高起兴来，尽力做好事。我常听人家说别人坏，大家都来了，再加点东西，这如何能好。我头一句话，总是想为他辩护。孟子说：“纣之不善，不如是之甚也……天下之恶皆归焉。”中国人愿意国家好，可是不愿意有好人，这都是自私，度量不大。现在，我给你们想几句话：

你是中国人吗？是。

你爱中国吗？爱。

你愿意中国好吗？愿意。

那么你就要得愿意中国人全都是好人。

不要太狭隘，彼此要往上长，不要往下长。总是批评人，那是往下长。譬如开一个运动会，有人代表南开跳高，你愿意他折坏腿吗？愿意人好，还是愿意人坏，你们可以拿这个试验自己，试验别人。现在倒霉时候，不愿别人好吗？要改，非改不成。

第二个要点，论个人聪明，中国人比日本人高。这是浮聪明。凡是有打算盘的事，中国都有小聪明。聪明是生来的好处，不是自己的，努力才是真正自己的。个人聪明，中国人高，可是团体的聪明，就不如日本了。中国人没有至诚，不恳挚。做事没至诚，不恳挚，是不成的。有的先生告诉我说，有些学生很聪明，就是不用功。我说，有这样的学生，你告诉我是谁，我把他找来，我打他。因为他暴殄天物，辜负老天的好意。

你看人家外国人，都那么诚诚恳恳的，中国人总是那么飘飘摇摇的，我想给中国人加上点重量，中国人要傻不唧唧地干。中国人一事无成，要傻干。中国人没有分量，一吹就跑了。我给你们每人加上三十磅，各个人都加分量，沉住了气，不要说风凉话。说嘛就是嘛，要实做。中国人不如人的，不能合作，不能诚诚恳恳地干一下子，知难而退，浅尝辄止。应当“继续努力，以求贯彻”。你不是学过力学吗？力学上一个物体，加上一个力量，力量不断地加在物体上才怎么样？才有加速度，越加越快。假如浅尝辄止，就不能有成就。中国人不能咬牙干。要诚，要皮戆肉厚，脑筋迟钝。不成功，就要死。现在要改造国家社会，非有傻干的人不行。如有人露小聪明，我不爱；假如有傻不唧唧的，我说这孩子好，结果一定好，将来能为国家做事。中国人好像个个是大少爷，穿得漂亮，说话漂亮，一遇到难处，就担不住了。也不能受冻，不能挨饿，都是大少爷、大小姐，少爷国是站不住的。你们人人都这么嘱咐自己："别看我傻，我干，干出个样子来看。"国难到这个地步，你们都是大学生，你们要不成，这个国就没有希望了。所以要恳切、诚挚。

第三个要点，就是努力。要自个儿上弦。要拿住劲儿，不要上着上着又脱辘脱辘地松。又像打气，打着打着，噗！瘪了。中国人到时候就拿不住了。长江流域的人清秀有余，而敦厚不足。我以为长江流域的学生，应该到北方来上学，十一二月北风刮得顶厉害的时候，顶着北风走，这样顶下来，才能做大事。谈到努力，我真佩服日本人。中国人为什么不行，中国人皮松肉厚。你们都要咬定牙根，紧张又紧张向前努力。

以上所说的三样，就是公、诚、努力。同学里有这样的人，你们要鼓励他，互相鼓励做这样的人。要恳切，要诚，不要净说笑话松话。"瞧这小样儿干吗，有什么用处！"南开不要这种说缺德话俏皮话的人。南开要的是傻子，不要聪明的。学厚，学傻，要钝。譬如刀吧，磨得很快的，锋刃太尖，这时候不要用。得把他那个虚尖儿磨去了，再用就行了。锋利的容易挫，傻的长，可以做事。中国人不如西洋人、日本人的，就是傻和诚不够，太轻飘。弦要自己上，自己打气。现在局面这样，不用先生们讲，你们还不懂吗？还用我说吗？你们认识了环境，努力干。

（原载于《南开校友》第1卷第1期，1935年10月15日）

# 南开校友与中国前途

## ——在昆明校友分会欢迎会上的讲话

诸位校友：

此次为重庆校友会给大家带个好来。校友总会自从迁到重庆后，工作成绩很好。原因是有一位干事郭荣生。郭君对于到重庆的校友们，招待极热心，对于散布在各地校友的住址、职业调查得很清楚，他一个人就记得两千多校友的名字与职业。我说这些话，为的是使大家今后更来多多地帮助他，促进校友会的工作。第二样，是校友月刊。近来也由郭君主编，严仁颖君的帮忙，办得很好。最先印行五百本，现在已增加至一千八百多本，在这方面更希望大家帮助与利用。

各学校校友会，抗战以来恢复最快的，怕是首推南开。有一次《时事新报》的经理崔唯吾先生说，中国组织最好的校友会，要算南开与黄埔军校的。不过黄埔军校是国立的军事团体，而南开是私立的学校，多赖大家的帮忙互助。出校、在校的校友同学，要时时联络，向一个高的目标去努力。把敌人打散后，我们的学校能很快地组织起来，校友会亦同时组织起来，效率且非常的大。这点表示出我们学校的精神，但要紧的还得大家帮助，常互通消息。总会在重庆，最大的分会在昆明，近来贵阳、桂林、西安、兰州各地的校友会三十六处也都逐渐成立了，证以离开学校的校友们都很努力，此后望大家对校友会多给一点帮忙，同时也可尽力利用校友会，大家有不知各地校友近况者，可写信向郭荣生干事探问。

个人最近九月来的情况，再稍为报告一下。

昆明，去年三月来过一回，九月底又来过一趟，这次是第三趟，按理说应常来，终因为南渝（现称南开）中学刚刚成立，募款筹备都需要办理；四川自流井的蜀光中学，承盐务管理局缪剑霜局长之托，自接办后由初级改为高级，一切也都需整理，因此到昆明时候较少。到去年六月，政府组织国民参政会，我也在内，最初在汉口，第二次、三次开会是在重庆。蒋先生并任议长，因他要公很多，每周常会需要个人担任主席，所以一年来多留在重庆，也是不能常来的一个原因。最近九个月来，政府各方面情形，知道的稍多一点，（略）财政、外交、军政、教育、内政各部及行政、考试、监察等各院负责者，每星期五都有周详的报告，因此内幕情形较前知道多一点。

南开学校四十年来精神是一贯的。中日战争之后，严范孙先生看到我们不如人的原因，我当时在北洋水师学堂受到很大的刺激，所以决定了根本从教育方面着手计划，改造中国。我一向对于教育就非常重视，全国中学有科学仪器设置的，亦以南开为最早。改造中国的目的要复兴民族与国家。

南开的校训是“公”“能”两个字。“能”的意思，就是对于身体的锻炼与知识的培植。“公”的意思，就是为公众，摒除自私自利。中国人向来犯这两种病，近来全国人士对南开已渐渐认识了。

近年来国人从西洋贩来许多不消化的东西——自由、平等，但目前主要的是如何撇开私人一切，来共同抵抗外力这回事。三年前我到四川办中学，蒋先生就很赞助。五年前我同蒋梦麟先生在北平去见蒋先生，他就主张教育须文武不分。（略）

中国现在是在难与险中争生存。难者，国家如同船行上水，逆水行舟，大家如同拉船的人，非一齐用力拉不行；险者，如同船行下水，惊涛骇浪，只要大家群策群力，向着一个目标向前走，不见得马上就好，然而前途不见得不光明。

愿南开校友，本着南开“公”“能”校训往前去，同时跟随最高领袖往前走。在目前环境之下，国家对教育界不薄，教育界应当表示出一种精神来。南开精神更应加倍表示出来。目前是我民族几千年来的非常时期，是一个捩转时期，亦是一个千载难逢的好机会。（略）

南开有许多人在社会上已经给大家开了一条路，为国家为个人都很好。这时候我们所遭逢的，虽苦虽难，只要大家努力，真可为几千年所遇不到的绝好机会。假如精神一颓唐，只有给人当奴隶，恐无复翻身的时候。当战马给人打仗，不如当战士为自己的国家奋斗。南开学校是长的，学校本身如此，出校校友亦如此。抗战后，日本人对我赶回二十年，我今年才四十几岁。大家正在奋发时期，希望振作起来努力，加强力量，帮助领袖抗战建国。

（原载于《南开校友》第4卷第6期，1939年4月15日）

# 第四章
# 改造中国，睡狮方醒

# 吾之救国药

此次对于时事，无许多要者可言，唯国内之中对于宪法起草案，关系似为较大，颇有可注意之价值。此事有数省督军欲加干涉，虽政府未必许可，然结果如何尚在不可知之数。诸生阅报其加之意焉。至中日交涉现尚延迟未办，以外交总长唐少川氏尚未到任视事故也。

对于训言者，与从前所言蝉联而下，故初言预备，次言国家前途，而此次所言为吾之救国药。顾在未言之先，尚有其他事之小者，欲为诸生言之。其为何事？即为禁止学生在球房打球及书馆听书。球房原非大不韪事，乃多有借此为狭邪游之厉阶，故亦在所应禁。盖此地素称繁华，学生之在本校为学者，其父兄恒言较他处为放心，以本校能监督其行动也。故吾辈职员等遇有学生之犯此者，必不稍假借，以不负其家长之初心。欲杜此恶风而除此病源，曰有二法：一方面则教导之，以防其未然；一方面则调查之，以绝其再犯，则此弊习自然可绝矣！昨日有某先生　获二人旧习未改，一为旧生，一为新生。该旧生当晚退学，新生令之停学思过。其必如此惩罚之者，不独以其有污一己之名誉道德，且恐其传染他人也。盖少年之中具有自治之力，而不为外魔所移者实鲜。类多自治之力薄弱，染于苍则苍，染于黄则黄。与善人相处，则不失为君子；与恶人相处，则流而入于小人。芟芜刈稗之所以助苗之长也。或曰，他国人亦不能尽免无如此者。然此最不宜于吾国，具更不宜于吾国之少年，时势使然也。诸生其共勉旃。

此事既已言毕，余且更欲言吾之救国药矣！余在言此第一部，为诸生引对待之名词二，曰进取，曰保守。吾人试思吾国人之心理，其进取者乎？保守者乎？其为保守不必讳言。二者相较果何派为优？何派为劣？何派胜？何派败乎？有持进取主义者，国在东亚，执东亚之牛耳，繄何国乎？即东邻日本是也。汝等或曰：此国家情形问题太大，有吾辈不能尽解者，其有事近而理切者乎？曰：有，即吾校与他校较也。各校中有进取者焉，有保守者焉。吾校进取者也。即以各校各项竞争而论，吾校所得之结果如何？汝等之所共知也。此即进取之效力也。推而至于国家亦何莫不然。故欲强中国，非打破保守，改持进取不可也！然进取与保守之分别安在？进取者如万物正盛，譬之一年春夏之时也；保守者如万物已衰，譬之一年秋冬之时也。故进取得一日之朝气，而保守得一日之暮气焉。有朝气者，凡事振作；有暮气者，凡事颓唐。以此种颓唐之暮气，而欲与如旭日初升、灏气发扬之强邻相争存于二十世纪，其失败者非不幸也，宜也。故国家相比，则吾国有暮气者也，日本有朝气者也。而学校相比，吾校之与他校为何如乎？有何气乎？虽然所谓进取而有朝气者，要知非常胜之谓也，乃不畏败之谓也。唯不畏目前之败，方有最后之胜，敢断言也。于以知欲强中国非建一新中国不可也。然则进取一说与古圣微言相吻合乎？则盍视乎《易》？《易》曰："天行健，君子以自强不息。"彼之所谓天行健者，乃指昼夜相承，春秋代继，无时或已，长此不息而言也。吾人读此，则进取精神自然得矣！《圣经》亦云：人应时时警醒。中圣西圣其揆一也。前余之误在欲一劳永逸，今始觉之。以科学证之，当机器未昌明时，西国学者皆欲发明一种永动机，然卒无成。譬之食物，能一日之中，食数日之物乎？必不能也。故唯一日做一日之事，而日继一日，虽有时而休息而睡眠，然休息睡眠之后仍如前时，固无害也。如英国者，可谓得进取之精神矣。其所以与德战者，以德与之争也，非得已也；如吾国之保守，则必姑息从事、养痈成患矣！初拿破仑蹂躏全欧，彼力抑之；今德国力排联军，彼又抑之；盖先发制人，后即为人所制矣！至于成败非所论也。

保守者能如是乎？故必改持进取，方可致强。余之救国药如此。

此学期离校之学生，有至日本留学者，有至江西新远中学做事者，致函母校，大意皆言愿常守南开之精神，几于众口一词。然细思精神何在？有堪为吾人想者。值此不禁回思十一年前焉！忆昔无逾尺之植物，而今则聚九百余青年。昔之学生与今之教员，其数几于相等。至于与他校竞争，初无不负时，负而仍角，直至今日。今昔相较，又为如何？可见有毅力，有信心，无不达其目的者也。南开精神，其在是乎？虽其中不无小挫，不过如浮云之蔽空耳！推而广之，无论何事，无精神亦必归失败。或曰：吾为不争之事，如牧师教员等，所言者博爱，所言者道德，无精神似可矣！不知亦似是而非之论也。以此精神置之学校既发达，置之国家亦必能富强也。然此气有非一二人之所能为者，故端在群力以造成之耳！

（原载于《校风》第39期，1916年9月25日）

# 救国在教育*

近日正计划筹巨款以建筑校舍等事，得临此会，不胜欣喜。然而回想前次之失败又不禁感慨。若非当日努力，曷至有今日之盛况。我为何如此去做，经几许困难，我认定救国在教育，说到共和国尤以领袖人才为急务。故我梦想中，均以解决世界大难题，要在教育。而教育尤赖大众有团结之精神，努力奋斗。

（原载于《南开周刊》第18期，1921年11月1日）

* 本文是1921年10月25日张伯苓在南开学校欢迎新师长新同学大会上的讲演，标题为编者加。

# 中国之第一要策，在于培养干才

余离校约三星期，计共十九日。路线系由奉天至长春，再至吉林，返长春至哈尔滨，回奉天至安东，过鸭绿江至朝鲜之宜川，复由新义州至安东，而之奉天，宿于本溪湖，次日由奉旋津。共演说三十九次，所见者，除中人不计外，共六国之人，曰英、美、丹、俄、日本、朝鲜。演说地点共十处，曰奉天、吉林、哈尔滨、宜川、新义州、安东、本溪湖（等）。斯行也，有一事令人不能不注意者，即为国家观念。所搭之火车有为日资者，有为俄资者，有为中资者。在奉天有一车站甚为壮丽，为日人所造。其精神极佳，诚非虚誉。即司茶者做事，亦出以至诚。至俄路则不如日远甚，然犹胜于中人。总之，日人办事最为灵敏，组织便利，遇事争先；俄人身体长大，动作粗笨；朝鲜愤郁不平，卧薪尝胆；吾中国人既日俄之不如，而其松懈懒惰之状，即较之韩人亦略有差。思想非不密也，脑筋非不灵也，唯遇事推诿，不善组织。私事尚肯为力，一遇公事，则非营私即舞弊，唯尔诈我虞，故冰消瓦解。此中国最可危险之事也。至于英、美、丹诸国，余以见者不多，不能以少数代表其全国，兹不细论。至若日本，人多地狭，故不得不变法以扩张其势力，而求生活，其生长之法，全体一致，联合以敌外人。中人则数千年来处专制淫威之下，时时防制，唯恐民智发达，又常自居为天朝，视他邦为夷狄，虽有一二人主中华者，然亦渐被同化。以故，人民毫无进取之心，久而养成懒惰之性。人多谓中国人民不自由，吾谓中国人太自由，此吾比较数国人民之感触也。

吾在吉、奉二省演说时，彼皆恐将来为日人所并。其痛切之语，有令人不忍闻者。吾语以此非一二省之问题，乃全国之问题。盖二省不同朝鲜，即不幸为日人所夺，然与中国同文同种，决无截而为二之理。苟其人心不死，则中国地大人多，日人必不能安然得之。然则国家前途抑谁是赖乎？唯应从自己做起，虽中国灭亡，亦必能复兴。一日奉省教育会长约吾演说，到场者五六百人。吾告以今日中国第一要策，即在教育培养有干才之领袖，以养成一强有力、公正无私之政府，方可以御外；不然仍如从前之松惰，则非人之亡我，实我自亡矣！

（原载于《校风》第48期，1916年11月29日）

# 改造中国，须去旧材料用新方法

今日所言，继上次未竟之意。于未说之前，先取余近读二书示诸生。一为英人 William 所著。彼来中国时，未临我校，曾遣其秘书与余接洽。彼提倡援清华学校例，退还中国赔款，设立大学于汉口，后被国会否决。回国遂著 *Changing China*，即此书也。一为美人洛司所著。此君为美国社会心理学家，研究社会一般人之心理，依治水法治之，盖水之为物，治之得当则有益，否则为灾害。治水然，治人何独不然？遂著此 *Changing Chinese* 及 *Social Control*。以上二书所云，均谓中国形势虽变，而实未尝变也。其原因则在"复古"与"保守"。自西力东渐，外界压迫之始变，此语为大隈所言。且压力之来，其变与否，论者之调亦异。盖时进派则以为未变；而守旧者观之，则以为变之已多。而变之为善、为恶，若以吾人之傲心观之，则可云向善。数千年之闭关自守无何所事，而谓彼欧洲文明之进化，则酿成今日之大战争。果何所益？以我保守之习气，数千年只出一班定远，实于今世不符；彼欧洲之大战，实已将本国难题解决。而反观吾国，则为农者，只求足食；为士者，则步方眉扬，庞然自大，一入政界，匪不自私自利；至嗷嗷贫民，遂亦流为盗贼。此等闭守之法，乌能与世界潮流相抵抗哉！彼大战之结果，乃国与国相争。不观夫非洲乎，其荒野为何如？而欧人不辞劳悴，深入而开通之，虽欲自守，势有不能。今吾国若图改变，将自何始乎？从政界乎？则观今之政客、伟人可知矣！然则变之根本解决安在乎？曰：“必去其不平而进于平。由一人之幸福变为多数人之幸福而已。”余尝对友人云，中国现处蜩蚪时代，未尝停息，既变矣，则须随其潮流以前进，而奈国人其不然也。如现教育界其前进者，以为自己有老资格，不与后进以机会，而又不肯议变，或变一半而复已。故吾谓改造中国须去旧材料用新方法，其希望即今之学生是也。学生有改造中国之机会，故数年后诸生出校，从事于社会，应知社会之情形。现在教育所要造者为新人种。所谓“做新民”有二种：一则被动，因外界之感动；一则因已身衣食问题，当其初未尝不变，而稍变辄止。故社会学务，只于清末时稍有进步，数十年来相沿不改，故现今之变，须自己身改变。虽其初亦由外界而起，然苟内部与之相应，则自发动起而不停矣！但此等人求之于现在中国，实寥寥若晨星。前十年丁君义华倡禁烟会。我国人亦有继起者，然逾年即止步矣！甲午败后，国中人未尝不励精图治，逾数年又止步矣！庚子乱后，又改革数年，未几又止步矣！如前数年直省长官，谓永定河宜修浚，询其为何？则曰：京津路多外人出行。此次收回德界新置之巡警，精神非常，其故伊何，则因多外人观听也。此等事专为应酬外人而动，其故可深长思矣！

诸生当此改革时代，正值醒狮之时，幸也何如？且我南开学生，有知之机会，有做之机会，有听之机会，故应练习自动，勿只信教员，勿尽依学长。其造就之人才，须世界变化之能力，乃为真正之教育。

上次所说，为外人评论中国有机会。此次则云中国当改革之际，睡狮方醒。诸生须作自动的，不作被动的，乃中国真正之砥柱也，有厚望焉！

（原载于《校风》第63期，1917年5月2日）

# 中国的富强之路 *

九个多月的工夫，诸位一定很想念我的，但我也很想念诸位。一个人离开了他的故乡，便有所谓“homesick”，我这次却犯了“schoolsick”。现在来到学校了，这病亦好了。

所感谢大家的，第一便是今天诸位的到站欢迎。我在欧洲时即有函致学校，请大家不必太隆重，可是在上海有许多人欢迎，来到天津又是如此。第二便是同人们维持学校的进行。我离国九个多月的工夫，各事都照样地进行。在这种混乱时期，大家还能继续向前，的确是一件不容易的事。大家的力量真不小，无怪外人称我们为家庭学校了。中国人的家族观念未除，对于家庭总是有一种爱护的心理。

余自前次出国至今已十年。在此时期中不得休息，大学、女中学、小学的成立，三个学校的向前发展，一切经济的筹措，都是我亲手经营。并且经费都是向人捐来的，私立学校的办理不像官立学校那么容易，我们须用款少而做事多。好在我们的运气还不错，总算过去了。经过了国内的几次政潮，我们不但要应付政潮，还得要力谋发展；当着现在北伐成功的一段落，政局

---

* 本文为张伯苓赴欧美考察后，于 1929 年 9 月 23 日在南开学校游艺委员会欢迎会上的演说，由马步英、王锡钧记录。

必有小安，故假此机会出国一行。此行目的有三：第一为休息，第二为捐款，第三为研究欧美之教育状况。

第一，先论到休息。

我所谓的休息，不是躺下或坐下身心全部的休息，乃是根据心理学家的说法，是改变环境而工作。以前是在学校里办事，到了外国便不然了，地方不同了，所交接的朋友也不一样了，所用的语言更是不同，以前所常运动的几个机关休息了，换了机关去操作一切。休息的结果，我的腿是时常用了，外国的道路很好，短的距离都是步行。以前在中国走长路便腿痛，现在练习得能走路了。手也是时常用，外国旅馆里的仆人很少，行动时一切行李的收拾、轻便物件的携带都是自己下手。并且我的衣服除衬衣硬领外都是自己去洗，省钱还是小事，这倒是件睡前的exercise。我以前久坐腰痛，现在九个多月未犯了。我的身体是较前强健了，思想脑筋都较以前活动，对这一项的结果可以算是圆满。

第二，捐款。

这的确不是一件容易的事，向外国人捐款更不容易，欧洲人自顾尚不及，所以只有在美国捐款。美国人的财产都是自身赚来的钱，不易拿出，无故的绝不帮助，必须理由充足。再有便是美国立国百余年，而今土地肥沃，工商业的发达，都是自己努力创造出来的，并没有任何人的帮忙，自由的精神、独立的精神是美国人所特有的。我们向他们捐款时，他们要问到中国的财富为什么不自己去发展，我们是莫可以对的。用可怜的态度、beggar的手段，美国人是绝不予以同情的，所以不能这样说法，必须有正当的理由。我这次的理由是中国从前怎样好，将来预备怎样发展，现在虽然不好，乃是因为内政的纷扰，故经济紊乱，所以需款办教育造就有为的青年，因此我也要请你们稍帮忙，不是用你们的钱作基金，乃是在这过渡时期几年中的经费，使他们看看我们南开的以往，他们便可以晓得我们是时时刻刻在困难中争斗的。三十年的以往我们绝不是Follow the least resistance，容易的道路越走越狭，难走的道路才可以发展前进。他们给我们钱很小心，可是我们用之也不是随便，因为我们有我们的自立精神。世界上再强也没有能自立的人强了。又因为中国的问题是未来的世界大问题，助我们解决这个问题，也是他们所应该的。

在美因时间关系不能久住，许多友人之维持有委员会 Committee 之组织。委员多系各界名人，由彼等介绍富户而资助。如经友人之介绍曾到 New York 见一位富翁 Mason，彼则允许每年捐款二千美金，以五年为限。又有 Chicago 的一位太太也允每年捐助一千美金，以五年为限。此外尚有每年允一千美金者一位，现来中国在燕京大学开会。总之，捐款注意点有二，第一便是须有人介绍，第二须有充足之理由。此次因日期短促，日后尚须仲述先生一行，办理一切尚须进行之事。

第三，关于我研究教育的状况。

教育的考察以前是注意学校的组织、外形，现在的考察不应如此了，因为我看过的学校不知有多少了。现在的考察教育便是考察社会。教育是解决社会问题的，各国的情形如何？一切政治经济的状况如何？教育怎样解决他们这些问题，所以教育与社会很有关系。

这次与各国的教育家、社会重要人物讨论他们国家的重要问题，如何解决这些问题，教育怎样解决这些问题。各国都有许多通病，这种通病于我们很有帮忙。以后我们若是犯了某种的病我们可以相对照，而不致恐慌，这样才可以解决中国的问题。一个学校并不是上课读书便完了，需有活的感觉。我们中国现在一切教育的混乱那更是不成话。这次在美，最助我的便是克伯屈博士，他在美国的地位较次于杜威，经验学识都是很丰富的。我以前在美时他是我的教授，那时他发表思想我只有听，现在我可以问他问题，所以得到他不少的帮忙。在英国也是用这样的法子去研究一切。如英国的失业问题，我便找研究专家去讨论，凡一切重要问题都是用这种法子解决。

前两次出国不善观察，此次则较前圆满。田地的耕作、工厂的生活，我都有相当的观察。总合起来便是知识，不重呆板，不存固定之成见，这才是真的 knowledge，所以年岁越大，经验越丰，而 knowledge 也就越充实。

我所观察的总结果，生在这个世界的人不奋斗、不竞争是不能生存的，miserable life 是无意义而可怜的，所以我们必须奋斗。这的确不是件易懂的事，中山先生所提倡的“知难行易”很好，所谓“知”乃是切实的认识并彻底的了解。

我所观察的世界各国，好的国家是“富”而“强”，不好的国家便是“贫”而“弱”。我们中国便是贫而弱的国家，人民的一切苦楚都基于贫弱的原因。我们若是打算强，解决我们的最大问题，只有按着以下的步骤做。

提到强便有一种联想，就是军队、军火等，其实不然，乃是关于我们个人身体的锻炼。这次在美有几个大学矿科毕业生与我谈话，他们都是在美国 Ford 车厂做工的，并且在我们大学时身体非常强壮、中国人中之较健者，这次他们都感到体力的缺乏，身体不如外国人，工作的效率不能与外人相较。这不是个人的不健全，乃是我们的历史使然，一代一代地传下来形成了我们危弱的身体，所以我们身体的健壮是要紧的。我们的身体强不见得是要打仗，就是做事也很要紧。外国人四五十岁是正当工作的时间，我们中国人三十岁以后便作整寿，大概四十岁便入黄土了。体力、脑力不充足，做事的效果如何能好？我们在学校里绝不应该像现在一般人一样。再就是众人的强，许多人能联合才有力量，能联合才能制胜，才有势力。中国人既是弱，但是能联合还好，可是还是四分五裂、自私自利，合作的精神丝毫没有。这是中国人的大病，治这种病必须在学校做起，我们要练习团结，练习合作。我们南开的师生要彻底地努力地做下去，锻炼我们的身体强壮起来，一代不行可以往下传，终有强健之时。还要联合，我们的团体要坚固，以便增加我们的力量。

再次论到中国的贫，我们的确是太贫。中国现在是吃社会的人太多，生产的人太少，社会的现象是不生产的人更可享乐，这样下去焉得不贫，焉得不弱？至于贫的原因，第一便是工业的缺乏。我们穿的衣服平素用的东西多半是外洋运来，就以布而论，我们是否不会织布？“男耕女织”是我国古时社会的现象，而今怎么竟穿的外国布呢？乃是因了不进步、不改良，所以就被外人压倒了。中国人曾发明造纸，可是到现在处处用的都是外国纸。更有可耻的，瓷器的命名为“china”乃是因为中国的特产。可是现在如何？Foreign china is imported to China，外国的瓷器运到中国来卖。中国以前的社会职业有所谓“士农工商”，现在只有三种人，一是官吏，二是军人，三是农夫，工商已经提不到了。工人无工作，商人发售外国的货物还算什么商人？第二是人民的聚居，中国的农业是发达的，比任何国家的农田都好。因为我国人是特别吃苦耐劳的，而勤俭又为农民们的天性，所以有这样好的成绩。可是中国的农民特别的穷，原因乃是中国农民所占的土地太少，不能尽量地发展。所以以后我们要提倡移民。可以移民到东北及西北各省，开垦我们的广大平原。第三便是我们中国人口的众多，以后我们要用优生学的方法，产生强壮的人民，要制止人口的特别增加。总起来说，要切记这三项：第一提倡工商业，第二移民边界，第三节制生育。

愿我们南开的学生要本奋斗的精神，努力向前，使我们的身体强健，不要自私不要自利，各大城都有我们南开的毕业生，都能表现一种特殊精神。无论什么事情越练习越长进，我愿大家本着“大家事大家办”的精神努力一切。

（原载于《南开双周》第 4 卷第 2、3 期，1929 年 10 月 17 日）

# 坚卓不拔　发展进取

前几天我因为到南京去吊李秀督[1]的丧，本校十六周年纪念日，我未能在校，所以今天召集全校师生聚在一起。一半是要和大家说几句话，一半也是要补祝我们学校的生日。我今天所谈的有两个题目：

（一）关于李秀山督军的事

李故督是一个尽力于我们学校的人。他在未弃世以前，很替学校帮忙，对于学校的事情很关心。前次我由上海返津，经过南京，先是知道他病着，特为下车，想去看看，并和他陈说陈说南开现在的情形。后来因为他的病太重，派李石忱先生代见。谈到为学校筹款的事，李督极不以为难。我又想托他写一信给南洋兄弟烟草公司——为筹款的事。从前该公司曾经答应捐助本校五万元，现在仅给了一万元，还想请他再捐上那已经答应的数。谁知道我回津后，靡有几天工夫，来了一个惊人的电报，说李督因病魔自戕。我得着信极无疑。

[1] 李秀山（1974—1920），名纯，字秀山，天津人。曾时任江苏督军，在南开大学建校初期曾给予重要资助。

（二）关于学校方面

今年学校的经济，总算处处顺利，但是切不可松懈下来，仍应当用我们南开自幼那种坚卓不拔、有毅力、肯奋斗的精神，来发展来进取。我这次回来，听说学校里精神，不如从前。我以为诸位确是受了新潮的鼓荡，无所适从，不知道哪是哪非。此次诸位切不可仅仅持消极的批评，做那种无精打采的样子。全要挺起身来，要具有奋斗的精神去做。诸位对于学校有不满意的地方，大家可以写在纸上，简单说明这件事的理由，学校可以改良的，没有不改良的。再说这次对于灾民的捐款，远不及人。我们处处要想人家的帮助，我们就应当处处去帮助人。我们学校有一千多人，照旁的沪江大学捐一千余元，比较起来，总算最低额了。以后得着机会，就量力地捐助。本星期六的新剧，诸位多多地代售才好。诸位对于灾民也尽点义务。

（原载于《校风》第 145 期，1920 年 10 月 29 日）

# 在舒城，着手负责任事业

——在南开学校舒城同乡会上的演说

一般学校，最怕的是学生中把省界分得太严，因而生起冲突。可是我们学校，不但说自有学校以来，就极力提倡学生组织各省同乡会，并且到了现在我们还极力地在提倡组织各县同乡会。不过，我们学校的同乡会，不但没有因此生起省界的冲突，反而由这种小小的团体去介绍新同乡、帮助新同乡。由他们本会的动作，可以使全体会员变成优秀的分子。他们的力量可以超过本校的管理员。这种令人惊奇的成绩，我敢说是我们南开的特点，也可以说是南开的教育方法。

为什么我们要让一个学校分成这些小团体？不是说是教他“同乡相爱护，非同乡相排斥”，是因为我们学校太大了。团体越大，精神越易散漫，不易于谋团体中不同等的进行。假如我们要把他分成许多的小团体，他们的精神容易团聚，他们的责任也容易各个人分担；他们的进行既快，可是他们要想变动，也是极容易的。

我们想想，为什么我们国家自改革以来，没有一点很好的进步让我们快乐？最大的原因，就是因为我们国家太大了。我们一省，就有欧洲一国的面积大。所以人数太多，精神散漫，并且人人都有推诿的余地，全不负责任，这是团体组织中一个最大的缺憾。现在我敢说：“没有一个人——无论他有多大的才能，多大的权力——能够在最高的地位，动得了现在的中国。”要想使中国有进步，最好的方法就是把全国分成许多的小部分，各自去地方自治。这么样才能够有负责任的人、有做事的人。如果要能如此做去，我恐怕中国不出十年，她的进步必要大见。

所以，我要使你们组织这个小团体的原因，并不是使你们只在学校里，做一个好学生，也叫你到社会里做优秀的分子。不是徒让你个人做一个好国民，也要使你帮助旁人，都有社会分子的资格。要知道，教育不是叫你在学校里、敷衍考试就算完了，是叫你应用你所学的，做那些大的事情。

你们全是从一县里来的，对于你们的本县，你们应该负责任。你们应该在本县里，最先着手做那“改良”“增进”“振兴”负责任的事业。你们舒城县的教育怎么样？不好。不好，就应该提倡。实业怎么样？不发达。不发达，就应该振兴。交通怎么样？不便。不便，就应该开造。社会风俗怎么样？太污浊。太污浊，就应该改良。你们现在就应该做起，乘着暑假回家就去实地调查。用你们的脑筋想方法，去进步，去改良。你们也学学张季直先生，把本县办成一个模范县。这种社会服务的事业，不就是生活吗？这种都是最有益于社会、最有趣味，而且成效最容易见的生活。我望你们要常常去用你们的思想，并且多多地互相讨论问题。人人都说现在的学生，是中国的希望者。不过，假如你们要不向我说的这条路上去走，我恐怕你们要是中国的失望者了。

（原载于《南开周刊》第9期，1921年5月24日）

# 教育为解决一切困难之妙物

## ——中华教育改进社第二届年会开会词

现在我们开会了。今日之会是社务会议。会中所应讨论的事约分两项：即有几种须得报告的事，又有几种须得征求大众意思的事。今日因董事长熊秉三先生另有他事，不克来此，故特托予为临时主席。兹按开会程序，须我先说几句话。我本毫无预备，不过把我个人一点意思，随便说说罢了。改进社今年年会在北京举行，借清华学校地点为会址，承诸职员热心办理，使大会开会异常便利，我不胜感谢。

现在时局虽甚紊乱，天气虽甚炎热，而各处来此开会的代表却很踊跃，即此可知中国政局虽乱，令人多抱悲观，而教育界倒有团结力，很可乐观的。因观于诸位来此之热心及踊跃，即可见也。我们在教育上的努力，多非一时可得结果的。若要见着结果，近则需十年，远则需二十年，或者可以如愿。现在民国成立已十二年，国事仍毫无进步者，皆人民程度不够之故。而人民程度之所以不够，又皆教育不发达之故。吾人相信教育为解决一切困难问题之妙物，想早为诸位所承认。虽吾人现在所提倡之新教育仍然有人怀疑，然无论如何，将来俱能得到结果。至于将来结果之如何，即于诸位赴会的代表身上可以查出。这次会议，各组分得如此细密，对于诸位知识上，一定有所增进；而现在时局蜩螗，棼如乱丝，诸位还能不远千里而来，团结一气，这对于精神的团结一定愈加坚固。由这两点说起来，更可见将来一切困难问题，非靠教育解决不可了。此次所有的全体分组各种会议，诸位如有时间，务望均去按时出席。因诸位借此可以互增知识、团结精神，对于我辈教育界前途非常有益。总之我们所最信仰之教育，将来无论时局如何变化，都要努力前进，毫不懈怠的。我深愿赴会诸君，俯鉴斯言，那就不胜荣幸了。

（原载于《新教育》第2、3期合刊，1923年9月，标题为编者加）

# 中国之将来希望，纯在人才*

余近年来因为本校筹款，在校时日甚少，每以为恨。本星期幸得暇晷，曾巡视校中一切状况，见秩序极佳，诸君生活亦按部就班，无不合于规律，心中颇觉欣慰。近年来，余在社会中所见之现象，既多杂乱无章，又多悖不合理，心中蕴有无限愤恨悲观。而到校一视，辄觉心平气和。余在外所历艰难甚多，然因之亦得有制止之法，今试为诸生言之。

其一，余为学校筹款，常因不成而不豫。然一般为个人私利者流，则终日奔走，未尝见其厌倦。于是念及孔子“吾未见好德如好色者也”之言，则知己尚有未足，不豫之情乃潜然消除矣。

其二，近日时局混乱，对之每生悲愤之感。然细思之，此种混乱，非过去几种事实之当然结果乎？既属当然结果，尚何悲愤之足云？由是可知，吾之所以悲愤得毋因，不确知事理之缘因乎？念及此则悲愤之气，及全归平静矣。总之，吾人对于外界一切事物，苟能责己，则一切不平之念，俱无发生之余地矣……

然则今后中国果尚有希望欤？悲观者视之，自非断定无希望不可。但试进一步思之，亡中国之道有何？统观之，不外两种。其一，为因外力之侵略

---

* 本文是1923年11月1日张伯苓在南开学校高级修身班上的演说。

而灭亡。其二，为自己不振而自杀。中国目下能为外力所灭乎？以言欧洲，则大战后一切异常凋敝，数十年内，彼辈自顾尚不暇，未必有余力以侵中国也。以言日本，则一面受美国之牵制，一面受此次天灾之损失，亦未必有力外侵。是可知中国之最近将来，固决无外侮之虞，而一切希望均在自理无疑。然反观国内一切情形，则使人既愤且悲。本无定乱之法，而想一不合理之法以处理之，结果则现象愈混乱矣……推测中国最近之乱源，厥在人才缺乏。固有数以人才名者，然以其非真人才故，不能赖以处置各事，故中国之将来希望，纯在人才之多寡。而本校办理之初衷，即以造就人才为目的。诸生须知，少年在今日，做事之机会最多，果尚不能负一责，未免太可惜也。愿诸生勉之。

（原载于《南开周刊》第74期，1923年11月2日）

# 中国革命与改造及吾人今后之机会与责任*

“革命”二字，始于汤武之伐桀纣，意即吊民伐罪，乃爱民主义的革命。其为改造属于政治一方面。殆近八九十年来，西欧物质文明日渐发达，近且远侵及于东方。影响所及，中国与日本首受其打击。中国自鸦片战后，每遇与外人战辄归失败，割地赔款，国命几绝。于是有戊戌变政、庚子联军，至辛亥而起革命，改造政体。日本之革命始于日英战后，时德川氏执政，励精图治，国体维新。凡此二种之革命乃对外的革命，爱国的革命较之汤武之爱民革命不可同日语也。中国自革命以来已十三年。国内之纷争日裂，人民之痛苦益深，政体虽更，国乱如故。近且东南、东北干戈叠起，实业停顿，教育破产，如以此为达到民主国家　捍御外侮之目的之方法则可；如其以此为真爱国、真爱民族，其谁信乎？最可病者，国人经过此多种之政变，忘其责任之所在，一任此辈军阀政客之妄为。趋炎附势，唯利是图。其有真心为国为民族而革命而改造者，盖鲜有其人。诸君方在此受高等教育，吾今以此责任冀望于诸君。

诸君其以吾言为诿乎？今日中国之革命系根本于西欧势力之东侵。西欧

---

* 本文是 1924 年 10 月 16 日张伯苓在南开大学修身班上的演说。

自文艺复兴以来，经过几次之大改革，机器发明，为战胜物质界的大原因。其人民已由黑暗时代渐入光明。我则受此世界之潮流而亦改革。改革未终，人民已先放弃其责任。此种危险可虑殊深！诸君勿以中国革命已告结束。现在之政体之民生，何处不待诸君起而革命而改造？诸君生当今日，机会甚多，责任极重，宜于此数年内，预备充分之学问之能力，以期异日尽责于国家。苟能唤醒国人，明其所以，则子所负责已尽大半矣。如其因循不进，随波逐流，其有益于国家者盖鲜。孟子谓：“待文王而后兴者，凡民也。”吾深信世界唯有进步，绝无止境。愿与诸君共勉之。

（原载于《南开周刊》第 101 期，1924 年 10 月 27 日）

# 认清目标，竟先生未竟之业

## ——在南开学校追悼孙中山先生大会上的讲话

孙先生为一代伟人，百世师表。其主义虽不尽能与吾人强同，而其精神则耀日月，辉宇宙，万古不磨。今不幸先生目的未达，遽然长逝，留下如许责任，供吾人负担。吾人极应本先生之精神，认清目标干去，竟先生未竟之业，则先生虽死，亦当瞑目；而吾辈亦不愧为先生所手创之民国之国民。……

（原载于《南开周刊》第117期，1925年3月23日，标题为编者加）

# 吾人应有之认识与努力 *

诸位先生，诸位同学，鄙人这一次路过宜昌，要到四川去看一看。本来不打算在这里逗留，因为换船的缘故，我便很乐得到岸上来看一看宜昌的市容。昨天下午到女子中学参观了一下，我曾对他们初中部的学生讲了一次话。今天我正散步到昭忠祠的时候，金科长正在那里等候，约我向各位同学讲几句话，我觉得在船上十来天的工夫很疲倦了，而且也没有什么话可说，不敢耽误大家的宝贵光阴。不过金科长不肯把我放过去，那只好答应了。我刚才所说的话，大家都听懂了吗？在座的同学有一千人左右，后边的同学也都能听得见吗？（有三五个学生回答说："听不清楚。"）我所说的话，是北方话，也可以说是普通官话。那么我慢一些说，大家一定都会听得懂的。

我昨天坐着人力车往女中去的时候，很注意地看到街上非常的干净，"人力车"你们知道是什么东西吗？你们也许喊它"洋车"或"东洋车"，都明白了吧，哈哈！又看见各铺家的门前都很整齐清洁，你们看这个院子里面也非常清洁的。国内许多的大城市我都去过，我看都不如宜昌干净。这话怎么讲呢？比方上海、南京以及其他的大都市，因为有特殊的环境，是应当干

* 张伯苓于 1934 年 12 月 3—5 日途经宜昌。其间应各方之请，于 4 日为各校学生讲演。本讲演由鄂西女子安梦华校友记录。

净的，并不足奇怪。唯独我一看见宜昌这个小城，竟是这样的清洁，好像一座新城一样，我很诧异，我十分的诧异！昨天我就仔细地想一想，我知道这一定是最近一种改变，前几年绝对不是这样的。我刚才没有到讲台上来的时候，曾问过民生公司的几位先生，宜昌为什么这样的清洁？他们的答案，我暂且不向大家说。我再问一问诸位同学，你们说宜昌为什么这样的干净？你们有在宜昌住了十多年，也有的住了几年。到底是什么时候才如此干净起来？前几年就是这样吗？前十年就是这样吗？你们都注意这件事情吗？你们都想一想。谁能回答我？（川中某同学说："行辕设立在这里以后，近两月来才这样的干净。"）大家说对不对？（全体同学回答说："对！对！"）好！好！我为什么不嫌麻烦地这样问你们呢？我注意这些零碎的事情有什么用处呢？我觉得有很深切很重要的教训在里面。民生公司几位先生的答案和刚才大家回答我的话是相同的，不过回答时间的前后有点不同罢了。

我又仔细地看一看街上的行人，又使我得到一个很深的教训。街上的行人有军人有学生还有其他各界的人。我最高兴的就是看见军人和学生的精神特别振作，制服都很整齐，面色都是健康的样子，我高兴极了！我特别地注意到这一点，因为国家前途的光明从这里就可以看出来。平平常常的人是不注意这些事情的，也可以说是有许多人根本想不到这些事。我处处注意到中国到底有没有办法这个问题，现在我们眼看一个污秽不堪的城市，居然很快地成为新城了。有提倡就有人肯干，这不很好吗？受过教育的学生和军人是社会的中坚分子。他们会进步，也肯进步。他们能找到好的办法，他们能想出新的办法，这不是越改越好了吗？我认为一般人染了恶习不容易改，也不容得向新的方向求进步。只有受过教育的学生和军人，才是最有希望的人。

我今年整整地六十岁了。我在前三十年左右的时候，对于国家的前途，也是和现在一部分青年人同样地抱悲观。前三十年和现在比较起来，实在是大大的不同了。当时我觉得军政商各界都是腐败不堪，一切都是坏的！我痛恨极了，我悲观极了！我细细地看一看，政界的人贪赃卖法，贿赂公行，真是无法无天，黑暗极了！军界的人仗势欺人，扰民害民，可以说是无恶不作。社会上大多数的人也都是垂头丧气、醉生梦死的样子，简直是暗无天日，一点生气也没有。我真悲观极了！

最近三四年来，我仔细地思量：现在的中国，无论从哪一方面看起来，比从前进步得很多很多了，而且一切的一切都在不住地向前进步。近来的政治比从前好了许多倍，自然还免不了有少数的人仍是贪污，但是很少很少了。再看一看军事长官和士兵们，因为受了新式的训练，他们那种爱国爱民的精神，处处都可以从他们有纪律的行动上表现出来。拿现在的军人和从前的军人比一比，简直是无法开比例了。（略）你们知道我是怎样的一个人吗？我专门办教育有三十七年了，我以后还是要努力办我的教育事业。我唯一的指望，就是盼望中国富强起来。

我现在亲眼看见这种复兴的气象，又看见现在的军人和学生都是很振作的，这就好像宜昌城忽然改变了一个新样子似的。我想到这里，快活极了！

我再举一个例子：现在民生公司是一个新式的公司。民生公司里有几位先生虽然在这里，我可不是故意地要夸奖他们。他们用人、行政都是非常的合理化。工作人员都很有精神，非常的有志气。他们下了最大的决心，要振兴航业，所以他们就努力苦干。大家都知道中国的航业远不如外国，要是打算使外人的航权不侵入到中国来，喊口号、散传单都是没有用处的，政府的命令也是办不到的，必须有人肯脚踏实地地去干，这才能和外人争胜。这是一个小例子。社会的团结也是如此，必须大家合起来，去实地地办事情才能发生效力。

有一次，我到杭州航空学校去讲话，教职员学生有一千多人听讲，精神十分的好。讲完了话以后，又参观他们内部的组织，完全是一个新的样子。组织非常严密，有系统，有纪律。他们有一个标语是："我们要与敌人一同拼命。"这种新的气象是从前不能够看得见的。我是个学海军的人，我从北洋水师学堂毕了业以后，亲眼看见海军个个都是萎靡不振，都自暴自弃，没有国家观念，只知道发财升官，整天价在娼寮赌场里面过生活，真是令人痛心！我因看不过这种腐败样子，才决志办教育。你们想一想，拿现在航空学校的学生和从前的海军比一比，岂不是有天渊之别吗？

我从航空学校回去的时候，在杭州车站看见站房的各部办公室以及货房、候客室都建筑得非常壮丽，不但是很坚固，而且也很合乎卫生的原理。售票处有一排一排的旅客从门口鱼贯地出入，秩序一点也不乱。从前车站上没有这样好的秩序，铁路上的职员可以任意带着自己的亲友坐火车，狡猾的旅客会用补票的方法把票价折作两三成，通融过去。这种好坏的分别，谁都会看得到的。可是不好了！我又看见一个客人很坦然地在干干净净的地板上任意吐唾。有了很好的东西，有一种人竟不配享用，不但不会享用，还要公然地给人家毁坏。这种人可说是应该打倒了。我们把刚才所说的这些例子统计起来，所得的这个结果，并不是现在的事情比从前的事情好到多少倍的“倍数问题”，乃是“好”与“坏”之间的“正负问题”。你们都学过算术代数，加一和减一有什么分别？一个是“正一”，表明有一个“一”在这里；一个是“负一”，表明不但没有一个“一”，而且还欠着一个“一”。我这样一说，大家都明白了。从前的社会是黑幕重重、千疮百孔，现在大家都努力求进步。你们想一想：现在驾着飞机飞行在空中，看一看全国的新气象，到处都有新兴的事业，也就是到处都有点点的亮光，好像宜昌这样的清洁一样，从这里就可以看见中国前途的光明了。

在这里，大家要特别注意这一点，就是因为中国有了这种进步的成绩，要努力自强，所以才惹起敌人的嫉妒，国难便临到头上了。假若中国人仍是醉生梦死的样子，不肯要好，我相信敌人不会这样积极地来压迫我们的。我这话的意思，你们也许听不懂。我在航空学校里曾拿这话对飞行科的主任曹文炳先生说过，他说：“你这话真正一点也不错。”你们或者说现在中国是最坏的时候了，但是我说这是极好的时候。正是因为如此，才弄到国难临头了。（略）你们也都愿意拼命地应付国难吗？你们或者要问我，现在到底怎么办呢？我不敢说我完全知道，但我略知一二。（听众欢笑）我向大家说了之后，不要从左耳朵里进去，随着就从右耳朵里跑出来。你们或者要说，如果能实行的话，我们愿意努力去做。

我现在要先问你们，女中的学生不要回答，因为昨天我问过了。你们是哪一国的人？（答:“我们是中国人。”）世界上还有哪几国？（某生回答:“英、法、日、俄、美几个强国，还有其他的弱国。”）是的，世界上有很多的国家。哪一国的人最多？（答:“中国。”）世界上哪一国的领土最大？（答:“中国。”）那么，中国是一个强国还是一个弱国？（多数学生不禁地哈哈一笑！）这有什么可笑的？！可怜！（答:“弱国。”）中国人口又多，领土又大，为什么是个弱国？（答:“因为许多人都是自私自利，不能团结，好像一盘散沙。”）是的，是的！我现在不问旁人，我问一问你们自己自私不自私？你们个人拍拍良心：你自己自私不自私？

“自私”，实在是中国民族一种最大的劣根性。这种“劣根性”若是不从根本上铲除了，中国人非当亡国奴不可！在前不多几年的时候，自己还在打自己，自己还在杀自己，现在都觉悟了。

在古时候，“先王以孝治天下”，所以有“国泰民安”的景象。因此有人提倡读“孝经”，利用“忠”“孝”的观念去维系人民，去改良国政。我看我们中国人最需要的就是一个“公”字。我们都应当读“公经”。因为中国人没有团体观念，没有国家观念，就是没有认识清楚这一个“公”字。所以凡是一个公共机关的职员都会千方百计地刮油，公家越闹越穷，私人反倒肥起来了。这种行为正是亡国奴。国家还能不灭亡吗？若是不打算救亡那就不用说了，若是肯救亡的话，那么，第一件最要紧的事情，就是先养成大家“为公”的精神，使全国的风气，都由“私”转到“公”，先公而后私。比方一个大公司，大家都喜欢买它的股票，这个公司一定要发财了。一个国家的人民都除掉自私自利的心，一致地为国努力，这个国家一定要富强起来的。

现在我们不要恨我们的敌人，我们应当自己恨自己。你们或者说中国人觉悟得并不算快，但是时候到了，自然就会有办法的。提到“公”，你先问一问你自己是不是“公”。提到“自私”，你先问一问你自己是不是“自私”。在宜昌有没有为水灾募捐的事情？（答：“有！”）你们都捐钱来没有？（答：“捐了钱的。”）那么，捐钱少的岂不是聪明学生，捐钱多了，不就是“傻小子”一个吗？这话好像是很合理的，是不是？（答：“不是。”）你们又到别处劝别人捐钱来没有？（答：“去了的。”）现在正是我们努力做工的时候，应当多多地做工。你们做来没有？（答：“在宜昌还未施行。”）宜昌有没有“公共体育场”？（答：“没有。”）那么，你们各校的学生为什么不肯一齐动手，建筑一个“公共体育场”？大家合作，这不是一件很容易的事情吗？你们仔细地想一想，应当做的事情太多太多了，为什么不大家合作呢？我们常常说，中国有四千多年的文化，但是在这种古老的文化里面，并没有一种很好的出路可走，这有什么用处呢？青年人应当多多地做事情，越多出血汗，多多做工，自己精力也越大，这是个很真切的道理。

我拉拉杂杂地说了半天，总结起来，中国人第一个劣根性是“敷衍”，现在应当深深地认识我们自己，积极地向前面求进步。第一件事情必须先有“为公”的精神，第二件事情就是努力死干。你们应当知道，知识能力是越用越增加。在北方有一句话说，“能者多劳”，我看不如说是“劳者多能”。因为越是多受劳苦的人，越能有机会增加他的能力。

我明天就要走了。下次回来的时候，我盼望能看见你们自己建筑成功的公共体育场。你们把公共体育场造成之后，就明白建立一个国家是多么艰难了。青年人在别人指导之下能把一件事情做到成功，就可以增加他的自信力。孟子说过：“以齐王，犹反手也。”我可以说，大家若共同努力，以中国王，犹反手也。我没有什么深妙的道理讲给你们听。救国也不算什么难事。大家都齐心团结，努力向前硬干，这就是出路。只知道压迫着学生读死书的学校，结果不过是造出一群“病鬼”来，一点用处也没有。你们这个时候，应当站在国家的立场上抓住大体。要知道做这些公共的事情就是爱国。你们的家长也许说，在学校里不念书，管这些闲事，不是白白耽误功课吗？这种看法是大大的错谬了。假若人人都能为公共的事情热心去干，那就好极了。你们正在年轻力强的时候，应当善用你们的天才能力为国努力，你们不愿意当亡国奴的人，就应当誓死团结，高高兴兴地努力前进。

（原载于《南开校友》第1卷第8、9期合刊，1935年3月4日）

# 迸发前进，创造新中国

## ——在重庆南开中学纪念俄国十月革命二十二周年大会上的训词

余被邀往苏联大使馆参加庆祝酒会，遂起无限感慨。盖余在场中魁梧推第一，而吾国地广人众立国且已二十八年，但一切尚难言有何成就可与人较量。此非国人能力不如，实不为而已。自私、贪婪、懒惰，使我民族长久停滞不进。抗战虽发挥吾人潜在能力，然则战后如无外力驱策，是否因此停顿，甚或倒退，抑是加速迈往，仍极成问题。盼吾南开学生均知秉“公、能”之训，迸发前进，以创造新中国。中山先生教学生立志做大事，然余认为不必人人做大事，但须做善事而使之精良耳。

（选自燕诒《记重庆南开中学的集会》，原载于《南开校友通讯》复刊第7期，1985年10月，标题为编者加）

# 中国教育之两大需要 *

自应时势变迁之需求，而后进步之说兴。余深信中国已向正当方向进步。尔者西方诸友，常警告吾侪曰，中国虽采用新法，亦不可尽弃固有之美德。盖彼以吾人修身制度，为中国古代文明之所结果，实不可以进步之利益，遽尔牺牲。然吾人亦必须改变，因世界为日日改变者，同时欲维持国之独立，亦必须经营置备，以防外侵。中外交通以来，吾侪以不识西人更有管驭物质世界之妙策，故以此而失败者，指不胜数。今则深明非于实际上改良教育方针，实难并驾列强，立国于世。

西方教育之来华，实在吾人明其需要之先，天主教 Jesuits 来华时，远在清初，曾以天文之学，传布我境，且助吾侪建立天文台，于是清朝每年颁行皇历，行之二百余年。循是以往，化学、物理诸学科，亦渐渐输入。四十年前，变法议兴，政府创办学校于北京、福州，以训练海陆军外交人才为志。然斯时之旧经学，仍到处通行，科举亦厉行不废，窃名是时为新旧制度并行之时期。至 1900 年后，旧日制度完全取消，学校乃遍设于全国矣。

中国教育之两大需要：一为发达学生之自创心；一为强学生之遵从纪律心。前者因中国数千年来，社会上以家族为本位，权枢系乎家长，家人以服

* 本文是 1918 年 3 月 20 日张伯苓在美国哥伦比亚大学师范学院进修时的演说。演说用英文，由段茂澜记录并中译。

从为先务，故中人捐弃其自创心，是习深入人心，由来已久。至第二需求，因皇帝时代，人民完纳租税后，即为良民，他无所求，纳税已毕，便可任意逍遥，纪律因之而弛，而中人渐习惰逸矣。中国教育今之最大问题，即为解决如何可以此两种似相抗触之性质，灌入此未来之时代中。

余上次环游世界，考察中国需要最宜之教育制度，结果获得两种需要者：一则英法美之制度；一则日德之制度。前者专为计划各人之发达，后者性近专制，为造成领袖及训练服从者之用（是即服从纪律）。敝校南开，多半以是二者为圭臬。

余深信今日中国最要者为联合，欲联合则必须有一公共之绳索以束缚之。是绳索不能以种族为之，以中国种族复杂；不能以宗教为之，以中国宗教繁多；亦不能以社会为之，以中国社会上利益与责任多所分歧。窃意较合宜之束缚物，即为爱国心，是即为中国若干年成立要素之虔敬孝心。所可以自然变成者，古时一切道德，皆归宿于孝字。故曰战陈无勇，非孝也。近日吾侪必须广家族主义，而至于国，则此虔敬孝心，即可成为国之忠心矣。而有此爱国心，吾国之人，无论南北东西，亦即可谓有一公共之绳索束之矣。吾校即教授以联合国民之能力，更进者欲使中国青年不仅为中国之良民，且为世界之健全分子。以今日之国界甚狭，吾等应思教育青年，当以万国大同为志也。

余信中国新教育最要之目的，即为训练青年人以社会服务心。先是社会上以家庭为单位，故个人服役之动作，恒不出家庭之范围。今者是种情形已过，余等应教青年人，不仅服役其家庭或与其相关系者，且应服役其国。故余常鼓励学生多为社会服务，例如吾校学生，曾为贫寒儿童设两义塾，并曾调查社会上情形，以告本地行政者，近则水灾赈济，彼等亦多所臂助。

总言之，余意解决中国之问题，为教育。且余信中国教育之发达，实已向正当之方向进步矣。

（原载于《南开思潮》第2期，1918年6月）

# 访美感想 *

在美读书幸得与范、严二先生尝相讨论，下班后即将堂上所学之功课同二先生研究。夏天得以至各处参观，并常见新闻记者及至各处演说。又曾至英属加拿大二次，以详察其大学、中学、理学校中行政，是否与社会上结果相同。嗣因有流行病阻碍，未能尽至所预定各处。

这一次到美国，看见他们物质上跟以前不同的，如长桥加多、建筑加高等等，亦颇不少。而其人民精神上之表现，于其对于战事上之行动，观之颇足感人。如其兵操之自由、公债逾所募之额，省面俭肉、定期禁火等事。在事前予等不知其须加若干巡警，以维持此种秩序。而一观其舆论，察其行动，则殊非始料所及。青年会及善团联合会捐款均逾额。向者以美人只知爱钱，今见其所给之数，为前此历史所无。

再看联军给美国的责任，是教他挡着德国往巴黎进攻的要道。彼时美国每天都有图报，以告联军进攻的情形。大概都是美国先攻，法国随进，英国自然亦就进攻。在德国要求之时，德之势力并非全灭，德兵尚在法境，而其完全降服决计停战者，即自觉前此错看美国。而今事出意料之外，绝无恋战

* 本文是 1919 年 1 月 25 日张伯苓在河北省教育厅于河北高工礼堂召集的演讲会上向各校教职员发表的演讲，由幸蒙记录。

希望矣。在德人起初想美人性不好战，无所可虑，即彼愿战亦无预备，更不能远至欧洲，尤非德国敌手。此种观察，原非无因。美人诚然不好打仗，亦诚然没预备。但一经明白便愿打仗，一经知道即已预备。人一转，都为打仗的人，事一转，都成打仗的事，那等的专精注意，真是全国一致。美国此次送兵到欧洲，差不多有二百万人，其兵船为德潜艇所打沉的殊不多见，那就是因为它的口岸多、它的变化快（这些事都与教育有关系）。比起来德国是整齐，美国是散漫。然而美能胜德，其中不无原因。德人为机械的，其脑筋为兵官，其灵魂为国、为大皇帝、为国魂。美人则一人算一个，如不打即不打，打则手脚打，脑筋亦打，灵魂亦打。这个分别，一个是机械的，一个是全体的。德国人是有头有户，美国人则纯然是民主的精神，个个人都为头，组织起来则整然有序，散之则各自为主。德人操练得好，而变之甚难。美人起首组织不如德国整齐，而愈长愈好，以其人好变，须知现在打仗，国内国外均须时时更变。

此外还有一项，就是世界的趋向。当年多半是少数管多数，而今民主精神日见增长，所以联军得胜。

此次战争打败了的固不待言，即非打败了的，间接受其影响的，亦有几国，如日本、英国。日本先仿中国，后仿美，后仿荷兰、法、英等国，又后则纯粹仿德，洎今已随德国跑了若干年。现在他们的老师已经倒了，他那举国识者不免有所忧虑。予由美返国过日时，有他本国人新都护氏，大学教授唱本主民义，大家正在那儿同他辩论。若说英国在他本国民主的精神，本来很好，而这一次牺牲了不少，以后对于财政殖民地方法，还需有所更变。受好影响最大的就是美国。他们的来历，本来就极清洁。他们就是英国的清教徒迁移到美洲的。其精神上最好之点，为自由、信仰，而且无旧套。天产富，四邻都好，两面近大洋。他们自己常说，借着华盛顿建筑美国，林肯巩固美国，威尔逊找着美国在世界上的地位。他们最大的发达，就是财力。如今恐怕合世界的财力亦不敌美国。记得有天同范先生谈话说，看看美国建国百余年，他们乡村的路，便可行 automobile。吾们立国四千年，反倒无路走。他们岂是从欧洲带来的么？不是。是他们能各尽其力，分开极力发达自己，而同时又对于社会上负责任。今且合力建设，将来定有可观。当初有远见的人，便说将来美德必有战争。因为他两国的主义相去太远。今彼美人果因其主义牺牲财产生命，嗣是其国势必益昌盛。因为他们的主义高尚，又正合于世界的趋向。其次受益者，为比、为法、为瑞士、为荷兰，再其次为中国。中国数千年来，迷迷糊糊可以说是未醒，而今一醒正当其时。英文字可以说中国人一睁眼，正在 right track 上。而日本挣扎数十年，而一睁眼正背道而驰，可算真冤。吾国人可算真便宜，然而如此便宜即听之乎？抑当急起直追，以图挽救？挽救之方何在？即在教育，故愿同诸君一商教育问题。

先时吾国教育目的，为尊君、尊孔、尚公、尚武、尚实，而今又当如何增减？予在途中同严、范二位先生谈，何为教育宗旨？当本其国情而定之。论中国古时教育，在三代以上甚好。予尝对美国同学及先生讨论学科目，一切均以切于现在生活为准。予告彼等，中国上古教育之完美。并举一例，即当日孔子所用的学科目：诗、书、礼、乐、射、御、书、数，即达情之歌、纪事之史、礼节、乐谱、射击、驾御、做事、计算。在当日两千余年前，可以算很完全了。到后来就是因为君主专制，所以愈闹愈糟。列国时诸子思想奇特，颇有所现。因之后来君主愈发设法限制，甚至杀害。君主这种组织，在世界上实在是很奇怪。大臣以孔子之道劝君，使之爱民；君主以孔子之道教民，而使之不反。先时文人尚可随便说话，入后则君主制人方法日益进化，则限制人之思想乃愈严，直至清时八股可谓极矣。幸工商尚未受骗，所以尚能支持。至于今日，吾国历史上亦有革命，不过重翻旧篇，再做一遍而已。由唐改宋，以至元明清都是照样文章的太祖、太宗，天子登殿，群臣称贺，直至清末，国人为世界潮流所激荡，遂成辛亥革命。这次革命以来，改头换面，已经是旧篇历史上翻不得的了，所以捣了七八年的乱。由此以后，尚恐怕是不只七八年。外人问我将来中国怎么样，我简直不客气就说：不知道。又有人问我“中华民国”可以保得住么？我说二三十年以内，大概没人敢弑君主。袁世凯失败于前，张绍轩失败于后，就明明的是个证据。究竟中国仍然捣乱的是因为什么？就是无组织，无人组织。近世发明之最大者，即归纳法，由万事万理以证明一理。先此多用演绎法，由一理演至万事万理。现在世界各国长进法，比之如生植物，非但畅遂其天然，使之茂盛，更加火生热，使所生长胜天然者百倍。而吾国则蹙其苗，害其穗，并天然者亦不畅遂，奈何？

予尝谓今后世界上有最大长进希望的国，除了美国，就是中国。国人不可不知，而吾民国在都没到底，所以图救之道既须信民国，尤须信教育。

今后教育当：(一）尚实（勿虚)。(二）尚理想（勿妄)。(三）按科学法教之做事，即凡做一事，当先研究，后计划，然后执行，最后则批评之，以见短长。(四）当利用物质，利用科学。去岁大水物质害人，而人不能于事前制之；学科学当学其用法，如观察、试验、公式等，而其原理之价值甚有限。(五）当学组织，先时专制时代，“二人偶语弃市”，而如今人批评毫无实验，发不负责任的苛言，不知事理的难易，又是过当。(六）当学社会科学，即打破旧家族制度，而成国家，旧家族可以谓之一堆一块，分不清楚，不成民国，今当将此制度打散了，使成个人，然后再合起来使成社会，使成国家。

若按如此进行起来，个人的进化，团体的进化，必当蒸蒸日上；民国的盛治，可以说后会有期。要想造新民国，不可仿造，当想造，创造。中国当年即非仿造，更当看活了。凡事都要问问是如么？如是则将来中国强，即与世界有关。因将来世界要缩小，中国要涨大。

（原载于《校风》第116期，1919年3月11日）

# 运动会的缘起和发展 *

数日，余将赴武昌参与第三次全国运动会，往返需时两礼拜。诸生阅报当知此次运动会亦曾有小小风波，故吾不得不早数日去。

原运动会之起由于欧西，欧洲四年举行一世界运动会（World Olympic），即每逢闰年一次。今年在法国，1920年在比国，1916年在德国（因欧战而停），1912年在瑞典，1908年在英国。东亚各国总未参与此会。而于十数年前，由中国、日本、菲律宾合组织一远东运动会。此会欲与世界运动会相接，故日期相错，且每二年举行一次，逢单举行。去年为第六次，在日本，第五次在中国，第四次在菲律宾，第三次在日本，第二次在中国，第一次在菲律宾，时1913年也。中国因地区甚广，不克常举行全国运动会，而每区则常年一举行。计中国共有华北、华东、华中、华南、西南诸区，其组织完善以华北为最。华北括有直隶、山东、山西、陕西、甘肃、东三省、河南诸地。华北运动会之组织，由本区各省各举三人代表，代表中举八人（正、副会长各一，书记、会计各一，委员四）合称执行委员会（Executive Committee），任期一年。由此会定下年举行地点，由举行地之人自选职员，曰竞赛委员会（Contest Committee），照顾当场各事，此其略也。华东初只

* 本文是1924年5月15日张伯苓在南开学校中学部高级修身班上的演说。

有东南、金陵、东吴、约翰、复旦、南洋、之江等八大学联合运动会，只括江浙两省。今岁已加扩充而成华东运动会。华中括安徽、湖北、湖南等省。亦自今岁始行组织。华南因交通不便，尚无一致组织。华西则尚未发达。

去岁吾国运动员在远东失败，各代表回国后，即诿罪于政府不为助、社会不肯提倡，以及代表人又为西人。于是在上海时报馆开会，拟组织中华体育协会，作为中国体育事业之总机关，对内则提倡，对外则代表。此次在武昌举行全国运动会，亦无非为提倡之意。而华东有一部分人颇有误会，谓中国之全国运动会不应由西人格莱（Gray）召集，此实误会。盖格莱不过一竞赛委员耳，此会固不能由彼召集也。闻此种误会现已成过去。诸生自能从报纸中得之。至于此次全国运动会果何因而称第三次，则因光绪末年时，端方正充南京总督，开全国展览会，乃借时以开运动会焉。规模虽甚简陋，而实不能不谓之为中国全国运动会之嚆矢。第二次全国运动会于民国二年举行于天坛。此次举行第三次之目的，除去提倡国人之体育兴趣外，尚拟即促成中华体育协进会。盖当时在上海开会，前两次尚有人到会，而至将通过会章时之第三次会，竟无多人到会。当时格莱君尝与吾函谓：“吾在会场中候三小时之久，竟未至一人。”吾闻之不禁深为叹息。吾人每谓与西人共事彼辈常揽权，其实因非由西人之揽权，实由吾人之责任心太少耳。且明年在菲律宾举行远东运动会，吾人于事前当如何措置？下次在中国举行时，吾人又应如何？均需有极精密之思考，始克有济。而吾人却只愿做旁观之批评，而不肯实际做事，此亦未免太无责任心也。

（原载于《南开周刊》第 94 期，1924 年 5 月 16 日）

# 教育为改造中国之根本办法 *

处于此等风雨飘摇之时局，欲求能平心静气从事于事业，实为不可能之事实。以本校论之，本年来已阅大险二次。其一，非直接关于时局者，为夏间之水患。其二，为东北战争。此二险皆幸得脱免，既未致受淹，又未致停课或被占为病院。此两险难，方庆已过，而又有一尤关全校命脉之经济困窘问题，临于吾人之眼前。考本校全部经费入源，向皆赖学费、地租、省款、公债及财部之助款；与出路相抵，每年辄患不足，约亏数万元之多。现当如此时局，不仅设法筹款不可能，即应得之款项，亦受影响，较往日减少矣。处此艰难，办事人之苦痛当可想见，然吾人仍当积极设法，无论如何不能使学校陷入停办之末路也。

此次政变之成绩，自表面观之，有三项：

（一）历年来武力统一之迷梦，从此当稍警醒。今之执政昔曾因恃武力谋统一，而遭失败。晦迹数年，回首前尘，必有所悔悟；且兹次得政，并非得自武力，其不主张以力征经营，实可断言。至于现之握军符者，鉴于某大军阀之前辙，亦必有所警惕，不致再轻用武力；即使尚有之，在实际上恐亦

---

* 本文是 1924 年 12 月 14 日张伯苓在南开中学初中第十四次集会上的讲话，由邵存民记录，标题为编者加。

难办到。盖欲启战争，对于其部下，必有所利诱，始能得其死力；此历年来内争所得之定理。现之奉军，固战胜矣；所得者几何？不徒无利可得，现且将从事于裁减矣。如此，尚望其能侵略南疆耶？

（二）吾国人素有不问国事之劣点，经此次大乱，当亦有所改正。内乱纷绘，虽非国家之好现象，但一班醉生梦死之国民，受如此苦痛切肤之刺激，当可醒悟矣。

（三）手握三民主义旗帜，奔走革命四十年之国民党魁孙逸仙，自清朝末叶，直至今日，即时立于国民前方，呐喊提倡国家改革，种族应自立。清朝既已倒矣，军阀为国家之害虫，经此次战事，现已稍见铲除矣。目的稍达，而国家已糜烂如此，其方针岂不当变移？闻该党现已改变目的，由对内之改革，移为打倒国际帝国主义之计划。为如斯亦吾国前途之曙光也。

总之，此次政变所收之效果，消极方面，不过国民由此稍有所觉悟；积极方面之建设则未有也。然吾人决不能因有消极之觉悟，即自以为足，此后仍当合心努力于积极的建设。欲积极地刷新中国，根本方法，在先改变人民，欲改变人民，则必赖乎教育。信教育可救国者，非无其人，而至今无努力从事之者。其故有二：（一）处于国势紊乱、外国帝国主义侵凌之下，教育无发展之余地。（二）教育固属重要，然其为用甚缓，非旦夕所能获效者。虽然，此不过无志者之言。唯其艰难，唯其纡缓，吾人益当振奋斗之精神、刚毅之魄力，以从事之。盖一极重要而极难收效之事，欲不历种种艰险，而平易得之者，自古及今，未之见也。

以上所言，为欲使国人觉悟教育为改造中国之根本办法，现缩小范围，论及本校。

本校之寿命，本年已届二十载。建设前六年，已为胚胎时代。余时在北洋水师，感触种种国耻，知我之不如彼者，由于我之个人不如彼之个人。故欲改革国家，必先改革个人；如何改革个人？唯一方法，厥为教育。

欲教育发生实效，必注意两点：（一）普遍；（二）专。然此等云云，在初行改革之幼稚国家，欲能办到，谈何容易！苟欲行之，亦当先自小处做起。先做出良好成绩，使社会知教育之重要，然后始有普遍及专精之可能也。此等责任，私立学校当负之。此余之所以辛苦经营，而有本校之诞生。二十年来，时势屡有变更，吾校亦屡经困厄。而卒邀幸运得不致停办，不徒不致停办，且蒸蒸进行，一日千里。此其发达原因，不外以下三者：

（一）信——认定某一事业，始终以之不半途放弃，此信之谓也。

（二）永变——方法不变，虽宗旨甚佳，亦不免于守旧，且有碍于进步。吾人宗旨固始终保持，不肯放弃；而进行方法则时时改变，务使其收利益多。

（三）专——此项为一切事业成功之要素。抱定某一目的，竭毕生之精神，派刚毅之魄力，猛勇赴之。虽以身殉，不惜也；虽以利诱，不顾也。此等精神，苟能得之，无论用于何种事业，其成功必甚伟大。

此三点，为本校能有今日之原因，为余办教育所持之利器，亦为办一切事业之必需条件也。

（原载于《南开周刊》第109期，1924年12月22日）

# 中国之现状 *

尝闻人谓中国学生较美国学生多沉思。此乃自然之理。

（一）中国学生负改造中国之责任。国中人士负政治社会之责者多无知识。其有知识者又无经验。国人百分之八十不识字，而能识外国文者尤少。诸君旅外读书，负改造社会之重任，自当与美国学生之享受太平极乐国者不可同日语。今诸君有最好之机会，来此读书，就应利用此机会负将来改造社会之重任。

（二）预备。诸君就学读书须自己审识情形以别取舍。外国学校如大工厂，学生如工厂之出品。彼学校视社会之需要而定教育之方针。适于此者有时不适于彼。中国情形与美国不同，故诸君就学亦应审择其于中国情形相合者学之，否则舍之。此取舍之中，即视诸君之审变力如何以为别耳。

（三）审变。年来国情变化非常之速。诸君须能应此潮流之变化，推测变换之趋势与其因果，而后方能应付此变换之国情。近世思想之变迁，行为之变迁，以及政府组织之变迁等，皆由于科学进化之影响所演生。结果遂有资产、社会、经济之冲突。中国处此变换之时代，求之应付自如实非易易。概以缓变则应付易，速变则应付难。年来中国之乱亦遂原因于此。

---

* 本文是 1929 年 4 月 19 日张伯苓在美国费城中国同学会晚宴上发表的演讲。

究以上之变迁将如何以应付耶？欲解释此问题必须推究根本方能解决。如政治问题由改君主为共和起，十八年来变乱相寻，至今始渐渐入轨道。中山先生之建国大纲由军政而训政，再次为宪政。步骤井然，如能行之不误定能进入承平之世。此外，经济问题尤为目前之所最要者。国中一般共产党员高倡资产贫富之不均，殊不知国之大病不在产业之不均，而在生产之不得其法。东三省地处边隅，北有赤俄，南有日本，中东、南满二铁路实为经济侵略之最要工具。然近二十五年来利用中国之人工，日俄得开发此富庶之区。每年生产之粮米等项除供给三省人民外，尚有余剩远销国外。回视内地各省，百分之八十人民务农，尚年年待赈。今且饿殍载途，不计其数。生产工具之应改良，结果有如是者。国人痛骂清朝之腐败，孰知清朝时代国土尚有增加，今则就此区区之内地数省尚不知如何利用，徒待饿殍。与欧美各国同一生存之今日而有此不进化之现象，真真愧死！

中国旧观念士农工商四类，士为最高。数千年来就此重士轻工之观念，致养成一般空谈而不做事之腐败阶级。高倡精神文明，而不知改良社会，提高生活程度。二十世纪文明之下尚有受饿之民族，精神文明价值何在？今诸君皆为国人之英俊，负重任，有好机会当如何免去空谈之弊病，而务实际之做事以为全国人民之模范耶？在校时应多讨论有关中国切要之问题。俾日后做事不致茫然无所措手足。此吾之所愿与诸君共勉者也。

（原载于《南开双周》第4卷第4期，1929年11月4日）

# 回顾过去，瞻望将来*

四十九年前，因感于帝国主义之压迫，而决心从事教育。初与严范孙先生办学，学生不过五人，今日南开学生已不可胜计。中国经此次抗战，不平等条约，终获解除，此即为余数十年前办学之目的。试想津市一地以前即有八国租界之多，经第一次世界大战，仅收回俄、德、奥三租界。战前由南开大学至南开中学，尚须经过海光寺日军营，感触殊难尽述，醉生梦死者，或不感租界之不平等，唯有心为国者深知所受压迫，亦得知不平等条约解除后之快乐。

余并深信中国前途极为光明，盖中国人有智慧，能吃苦，并具有老文化。此老文化，与各国较，各有短长，我人决不能丢弃。（略）

总之，中国前途极为光明，唯大家毋自暴自弃，努力为之，只要一切安定，基础稳固，中国之发展定可一日千里。

（原载于《大公报》1947年3月20日）

* 本文是1947年3月19日张伯苓在南开大学会晤前来欢迎的校友及新闻记者时的谈话。

# 今后之我国体育

时代永久向前地迈进着。恕我用句术语，世界各国又是努力着创造各种事业的新纪录。可悲的是我老大的祖国，年年是混乱，样样是不长进，真正令人惭愧！

别的不说，只谈体育。因为它是多少和我发生过关系的。自民元到现在，中国有志之士，天天喊呐着“提倡体育”“振兴体育”“介绍运动”——到得时局一紧张、国势一危急，连“体育救国”的口号，亦高声地叫起来了，但从另外方面看看事实的证据，又是怎样呢？

好，且提今春在美举行的奥林匹克世界运动会来说罢，英法美德的努力，不用说了，新兴的东邻，亦在报章上大宣特宣地预想着他们可以夺定的几种锦标呢。中国很自傲的，意谓足球是有把握的，但连报名却还没有资格，遑论比赛了。

但话又得说回来了，体育事业的办得没有成绩，并不是我国“唯一”的乏脸事体，但我们终得常常追念往事，才能成功于将来呢。所以要谈到“今后之中国体育”，非把年来观察所及，各种认为缺憾的地方，提出来讨论不可。

第一，我意以为运动的范围，不宜限于学校，应该推而广之，须普遍于全社会，使它有社会性才对。换句话说，即是社会的农工商各界，都要自己出些款，皆凑合人才来，组织业余团体，常比赛，多练习。

第二，我意以为运动的标准，不应该集中在“大会”的竞赛和锦标的夺得，应当视若日常生活的一种习惯，常常练习，使技术精绝出众。对身心两方面，应当同时注意。

第三，我既把运动的标准，这样的严格地定了，反之，我对于它的宗旨，读者一定也可想见是极单纯而明显的，就是尽己之所能，不断地求技术的烂熟。按部就班、脚踏实地地去做，对于现下青年男女，以此当作一种“时髦”或“虚浮”，我是绝断不赞成的。

第四，去了运动的范围、标准和宗旨，再从微细的方面考察，觉得观众的程度，却实在太浅薄了，给甲方助兴的观众，常常在乙方失败的时候，加以恶意的喝彩（所谓喊倒好）。加之，国内近年，竟发现了许多观众殴打裁判员的事，这更是中国体育界的不幸，我们应当注意和改正才好。

第五，末了，我意以为运动之振兴，虽赖人民的自动奋发，但正确的宣传，是更不可少的，现在天津几位热心体育的同志，倡办是刊，想对于这点，认识一定非常清楚。希望大家努力，为我国体育界放一异彩。最后，我对于各运动员，希望他们要身脑并用、道德和技术并重，则将来中国的体育发达，是非常有希望的。

（原载于《体育周报》创刊号，1932 年 2 月 6 日）

# 唯有全民参政，才能大公无私*

今天请胡校长来给我们讲话，我觉得十分高兴。公能学会成立不过数月，其成立的主旨即在使民众对政治感到兴趣。本来天津是最能训练国人有爱国心的地方，当不平等条约尚未废除以前，天津共有八国（英、法、日、德、奥、意、俄、比）的租界，如此则最易激起爱国思潮，可也最易漠视国家民族。南开学校在这种情形下创办和生长，达四十年之久，所经历的困难不言而喻。七七事变起，天津便又置于日寇的压迫下，而南开又首当其冲地被炸毁，而牺牲了，便迁校重庆。胜利后，这才恢复。为什么要积极地复校呢？因为我们的目的，尚未达到，还有继续努力的必要。什么目的呢？抗战前，我们的目的是救国，现在我们的目的是建国——建设一个民主国。然而我们对政治不能只是批评，而不去实在地做，依我看，凡是有能力的都应该出来参政，我们要大家一齐来。办事的人多了，做起来，就容易“公”，人少了，就容易“私”。所以我们应当请全天津市的市民都不背弃政治，而要大家一齐来参与政事，好人更应当不避不退，领导在先。本来一个真正的民主国都是全民参政的。因为唯有如此，做起事来，才能“大公无私”。

---

* 本文是 1947 年 9 月 21 日张伯苓在南开学校公能学会第一次讲演会上请北京大学校长胡适讲演前的致词，由王鸿恩记录。

所以我们要全都起来练习、学习，更要不怕幼稚、不要羞涩地去学习，反正我们只有一条路——民主政治。走得早，到得也早！今后，我们应当随时随地都要注意政事，这样一来，才能不致谈话欠妥当、批评欠正确。

（原载于《南开校友》复校第5期，1947年10月17日）

# 下编

# 张伯苓与他的事业

# 第五章
# 先生早年，弃武从教

# 先生幼年，颖异过人

张锡祚

曾闻先祖母杨太夫人口述，张氏先世祖于清初来自山东，原在运河里使用楠木船，往来南北，贩运油、粮为生。后来到了天津，在河东购地建起家园，开了一家行店，起名叫作协兴号，取其协力同兴的意思，仍事专养楠木船，南北贩运油粮杂货。经过几个世代的经营，家道日趋兴旺。传至五世祖天行公（讳健），生高祖兴如公（讳文德），兄弟三人，兴如公生曾祖筱洲公（讳虔），为国学生，早年亡故；筱洲公生祖父久庵公（讳云藻），筱洲公去世时，久庵公年方九岁。

久庵公幼年，聪明不羁，因幼年丧父，又为两世单传，故先曾祖母刘太夫人，未免有些娇惯，未把科举事业放在意中。久庵公平生酷爱音乐，凡一切乐器，弹拉吹打，无不精绝，尤其擅长于琵琶的弹奏。每晚临睡前，总要弹弄一两段琵琶曲子，冬日天寒手冷，就把棉被挖两个孔，躺在暖炕上，两手从孔中伸出，弹弄琵琶、弦子等乐器。一直到晚年，没有一天不弹奏乐曲。

久庵公先娶祖妣胡太夫人，早卒，前生子女均不育。继娶先祖母杨太夫人，当时因为不事生产，家道日渐中落，生计维艰，只依仗久庵公教几处家馆和杨太夫人为人做些针黹为生，虽然如此，久庵公仍不改其乐。久庵公与当时京剧票友孙菊仙最要好，堪称莫逆。孙菊仙别名孙处，天津人，为慈禧太后的供奉，常进宫为慈禧说戏，津人称之为“老乡亲”，他尝请久庵公教授戏曲乐理。孙每次到津义演，一定要张七爷打鼓（久庵公在族中大排行第七，故人称张七爷，因公以琵琶闻名，津人又咸呼为琵琶张）。孙处富于侠气，后来活到九十多岁的高龄。记得我小时，他还到我家来过，那时他的精神还健旺得很，先生教我们叫他孙爷爷，并说：“他就是老乡亲。”

久庵公继娶杨太夫人，生先生（讳寿春，后以字行），与叔父仲述公（讳彭春）兄弟二人，及三位姑母，长适许梓政先生，次适黄氏，三适马千里先生。我父诞生时，久庵公年已43岁，时当公元1876年，即清光绪丙子二年春清明节日。久庵公因前娶胡太夫人，所生子女均夭折，为求先生长命，当时因邻舍有两个男孩，名大柱、二柱，后来杨太夫人在天后宫（娘娘宫）送子娘娘前拴了一个娃娃哥哥，就排行第三；大姑母生时，排行第四，到先生就排行第五了；而到仲述叔，乃久庵公59岁时所生，就排行第九。后津人都知五爷、九爷之尊称，却不知其所由来。社会习俗，时有变迁，留此，供为日后之考据耳。

先生幼年，颖异过人，稍长，性情刚直，好打不平。每路见不平，就要上前，为弱者析辩是非曲直。遇有强梁不逊，不服劝告者，先生即揎袖助拳，因此时常打伤人；被打的人，常来我家讲理，久庵公唯谦谢认错。但事后，对先生并不深责，常说：“不可为此挫伤他的正义之气。”先生幼年时，正值家道中落，无力延师就学，而久庵公又因终日奔走操劳，不能携子教读。时有同族张竹坡者，家道殷实，其父在善堂里充董事，为他请了家馆老师，教他读书，久庵公商得该家同意，送先生到馆就读。不久，张氏家馆告停，先生因而失学。后来，有位刘先生办义学，设馆招收贫寒子弟，先生得转入该馆就学。以后刘先生身殁，先生怀念师恩，几十年来，一直与刘家通家往来不断。

（选自《张伯苓先生传略》，原载于《天津文史资料选辑》第八辑，天津市文史资料委员会编）

# 悲甲午之痛，誓言弃武从教

张锡祚

清室大臣李鸿章，因对外军事、外交的屡次失败，为挽救当时国家颓势，乃在天津成立北洋水师学堂，建立中国的海军基础。这个水师学堂，请的是洋教授，教的是新学，用的是洋文，念的是洋书，开洋船，使洋枪、洋炮，总之，到这里来上学，叫作上洋学。当时一般人的思想还不大开通，清政府为了多招学生起见，不但学费全免，管穿管吃管住，而且每月津贴每人白银四两五钱。先生不满 14 岁时，考入了北洋水师学堂，在校五年，学习驾驶，每次考试，都是名列第一。那时，因久庵公年事日衰，生计越感艰难，先生一方面要念书，一方面还要依靠津贴来养家，其负担是不轻的。

光绪二十年甲午（1894 年），先生以优等第一的名次，毕业于北洋水师学堂。时值朝鲜东学党之变，清政府出兵平乱，日本也乘机出兵寻衅，遂引起中日甲午战争。战事既起，清政府的海陆军全部被击溃，清政府又急调北洋水师增援，先生参与了这一战役。第一艘兵船才出海，就被日舰击沉。消息传来，我全家大惊，久庵公为此茶饭不思，后来听说议和了，先生也满怀激愤地返师归来，全家惊惧心情虽得稍安，但先生的爱国赤诚却受到第一次打击，时年方 19 岁。

是年冬，娶宜兴埠安氏女。原来安氏女素患痨疾，病已垂危，安家为了冲喜，急于将女儿带病嫁出，进门来才五天就去世了。当时我家本已十分窘困，偏偏又增添了这一娶、一葬之累，旧时陋习，实属害人匪浅。转年来，先生奉派到通济轮上实习。这年又续娶王夫人，夫人生性勤劳，好整洁，对先生也深相器重，一生情好无间。

光绪二十三年（1897年），承甲午败绩，国事日颓，英、德、法、俄、日等帝国主义列强，纷纷染指亚洲大陆，妄想瓜分中国，于是德、法、俄等先后强租了我国的胶州湾、广州湾和旅顺大连，又割台湾，让朝鲜给日本。英帝国则借口利益均沾，除强租我九龙之外，还要强租我威海卫。唯威海卫因甲午战败，已被日本占据，英帝乃约集其他各列强，强制日本先将威海卫交还中国，再由中国转租给英国。帝国主义强盗的协议既成，清廷乃派大员乘通济轮去山东，办理接收和转租手续，先生也随轮前往。船到威海卫的头一天，降下日本的太阳旗，升起中国的青龙旗；第二天，降下中国的青龙旗，升起英国的帝国旗。先生亲身参与了这一丧权辱国的接收和转让的仪式，真使他目击心伤，悲愤欲绝。

先生随通济轮自山东归来后，纵观当时世界大事，深深认识到祖国若不力图自强，就无有自存之道，然而国事日非，也绝非一人之力、一事之功所能挽其危亡。我国人口有四亿五千万，但深病于“愚”、于“私”，纵然有广土众民，唯不去掉“愚”“私”，依然会受欺侮。今日要复兴中国，百年大计，在于创办新学，培植新人，非如此，“愚”“私”不能去也。于是，先生下定决心，毅然退役于海军，转而献身于教育事业，立下了兴办新学、复兴祖国的宏愿。

那时，天津有一位严范孙先生，名修，是清末翰林，道德学问颇为时人所景仰。戊戌变法前，曾任贵州学政，政绩斐然，以奏请废科举，开经济特科，闻名于时。政变后，辞官退隐家居，素慕先生之名，特设塾馆，礼聘先生，以新学教授严家子弟，是为严馆。先生平素敬重严先生之为人，视严先生为师，严先生也待先生如友，宾主之间，志同道合。从此，为南开学校之创办奠定了基石。严馆自光绪二十四年（1898年）起，到光绪三十年（1904年）南开学校成立，这六年的期间，是南开的胚胎时期。

那时，先生因积劳罹伤寒疾，病愈后又复发两次，后虽好转，唯身体虚弱乏力，久庵公曾劝先生吸食鸦片烟，以提神补气。三个月之后，先生体力康复，断然禁绝吸食鸦片，其果决坚强之处，实非常人所能及。先生的伤寒病刚好，适值义和团变起，八国联军于庚子年阴历六月十八日，攻破天津县城，侵略军兽性发作，肆行烧杀抢掠，城门内外，死人遍地。先生侍奉着年迈的父母，率领着幼弱的弟妹，王夫人怀抱着一子一女，全家徒步逃往严宅避难。由于先生能通晓外语，遂留在严宅，支应寇兵的骚扰。直到北京议和，天津出榜安民，秩序才逐渐恢复起来。城陷时期，因死人太多，掩埋不及，曝尸日久，引起疠疫流行，先生全家先后均染上了瘟疫。疠疫流行初时，还能请得到区生，买得到药，到仲述叔染病时，就只能煎服久庵公的剩余药渣，幸尚痊愈。王夫人所生之一子一女才四五岁，后来也传染上瘟疫，卒以无医无药，均不幸先后死去。

变乱的次年，天津邑绅王奎章先生也设馆延请先生教授他家子弟，是为王馆。王氏本为天津盐商，即所谓益德王家。这时，严、王两馆共有学生十余人，先生分在上下午两处授课，这是南开中学的前身。

（选自《张伯苓先生传略》，原载于《天津文史资料选辑》第八辑，天津市文史资料委员会编）

# 亲睹国帜三易，痛心外侮

王斗瞻

吾乡张伯苓先生，教化南渝，疗疾北美，驰飞京、沪、重庆，幡然北归，三津人士，举欣欣然有喜色而相告曰："南开校长张五先生返里矣。欢迎！欢迎！"不才于欢迎声中，综记先生既往之建树，有似翠柏苍松，凌风知劲节，负雪见贞心，质诸世人，或无闲言。

先生原名寿春，以字行。天津人。生于清光绪二年（1876年）丙子四月五日，幼岐嶷。五岁从太翁久庵公受四子书。公为名诸生，雅擅音乐，久困场屋，遂弃举子业，以授徒教子自娱。教授重启发，贵实践，深合教育原理。于公泽九题公象有句："功名蹭蹬老风尘，寄傲弦歌乐此身。置散投闲殊自得，读书有子不嫌贫。"

先生年十四，考入北洋水师学堂。时水师分驾驶、管轮两班，年幼而文理通顺者，入驾驶班，先生被派习驾驶，肄业五年，十试九冠其曹。以最优等第一毕业。时值甲午战败，无船，闲居一年。嗣派在通济船练习枪炮、鱼雷及驾驶。时国势不振，遂启外人觊觎之心。旅顺、大连、胶州湾、广州湾相继失去。英又借口利益均沾，于光绪二十三年（1897年），强租我威海卫。威海卫中日战时，已为日本所据，至是交还我国，再移转英国。我派通济轮往接收，先生身临其境，亲睹国帜三易——先下日旗，后升国旗，隔一日，改悬英旗——痛心外侮，饱受刺激，遂有为国雪耻之志。在船三载，目睹清政窳败，知海军不足以有为，又觉中国地大物博人众，而国势衰弱，受人侵略，原因即在无人才，欲救危亡，非造就新人才不可；欲造就新人才，非兴办新教育不可，遂慨然发从事教育之宏愿，于是离船。时戊戌政变，先生年二十三。

严公范孙，致仕家居，蓄意兴学，于是声应气求，延先生为家塾师。志同道合，时与林墨青、王寅皆诸公，终日讨论兴学事；而友朋倡导新学，莫不推重先生，时宋公则久，客居沪上，林公函告之曰："新得一友，张君伯苓，颇有热肠，能持正气。家本寒素，此刻宁甘食苦，不就都统衙门翻译，盖贫而能守者也。"此言与于公题太翁像赞，足征乔梓甘苦，非阿谀标榜语也。

先生课徒，尤善启发，一经陶镕，虽十余龄童子，皆有游历外洋、为国宣劳之志略。王公奎章亦礼聘先生，以西学授其子弟。从此上午课严馆，下午课王馆。迨癸卯（1903年）先生游日本，考察教育，参观博览会，并购理化仪器而归。知彼邦富强，实由教育，益觉救中国应从教育入手，而从事教育之志益坚。光绪三十年甲辰（1904年）秋，严馆改为敬业中学堂，招生七十余人。经费严、王两氏分担。中学既立，而苦乏师资，乃设立师范班，以严、王二馆年长学优者，陶孟和、时子周诸君充任师范生，半教半读，循序深造，终归成名。彼时英文、算数、理化、史地、体育诸科，则先生一人任之。

先生领导运动，矫正积习，每用二椅，分置左右，框上置竹竿，演习跳高，因设备不足，用心良苦。从此提倡体育，不遗余力。至今已成风气。每届全国运动会，或华北运动会开会，总裁判多由先生任之，每有争执，得先生一言而解。远东运动会或任总领队，或任会长。并组织中华业余运动会，公推任会长。近人知重体育，实先生所倡始。

（选自《张伯苓先生事略》，原载于《天津文史资料选辑》第八辑，天津市文史资料委员会编）

# 必须改造人

曹汉奇

张伯苓校长一生事业，可归纳为“教育救国”四个字。他常说：“鸦片战争后，祖国屡遭列强侵略，一再割地赔款，奇耻大辱，令人愤慨！”张伯苓早年学海军，希望以武力救国，可是1894年甲午一战，我国费了巨大财力建立的海军，数量质量都不亚于日本，只因清廷昏庸腐化，竟遭到惨败。这次海军大败对张伯苓刺激很大，有一天他在海军衙门前看到一个军官懒懒散散地逗小哈巴狗开心，痛感祖国国土虽大，历史虽久，人口虽多，但是人不行了，“必须改造人！”便决心弃武就文，办教育救国。

张伯苓怀着教育救国的目的脱离海军，到严范孙家塾当了老师。严老先生当时是革新派，他不让他的儿子们专学孔孟之道、五经四书，要学英文、物理、数学等新知识。张伯苓是北洋水师学堂毕业的，正长于这些，在这样的共同新思想和救国志愿的基础上，严、张两人志同道合，成了后来创建南开中学、大学的奠基人。

张伯苓讲授的科目有英文、算术、体操等。他用鸡毛掸子杆作为跳高的跳杆，让严家子弟把辫子盘在头上，穿着靴子，掖起长袍的衣襟，在鸡毛掸子杆上练跳高。如拍成电影，今日青年看了，必哄堂大笑，可是，这就是我们老一辈革新人物向几千年传统的旧东西做斗争的一个大飞跃！

严氏家塾毕竟容纳不下那些要求愿学新学和新思想的大量学生。光绪三十年（1904 年），将严范孙及王奎章两家私塾合并，成立私立中学堂，这是张伯苓生平事业的发轫。后来又迁到广阔的南开洼。

南开洼是天津旧城西南方的一片洼地，紧靠墙子河，是一片泛着盐碱的荒地，毫无生产价值，故土地的主人才把它捐给学校。经募款建筑校舍，在光绪三十三年（1907 年）落成。对这个新的南开学校，第一个值得提出的特点，就是紧接南开学校西墙外，有个大臭水坑（学生们称之为臭西湖）。它是天津秽水汇聚之区，蚊虫孳生，气味腥臭，特别是一刮西风，阵阵臭气便从西而来，熏得人们难以忍受。当时，社会上的旧势力也用封建的腐朽的臭气向张伯苓进攻，说张伯苓不懂中国祖传的旧学，骂他不学无术，造谣说张伯苓是光棍出身，等等。对此，张校长常常在礼堂做报告时大讲特讲："我们南开精神就是在这种怪味中熏出来的！"校长的话一语双关，确是代表着一种破旧立新的新精神。

五四运动提倡的德先生和赛先生（民主与科学），都为张伯苓所接受，他明确表示要学生会对学校起着监督和协助作用，同时一再强调要加强理科。后来在八里台建了规模相当大的科学馆，他曾谈到南开大学要向工科发展，并计划成立采矿系。这表明在南开初期，张校长确有革新思想和魄力。

大约在 1924 年，天津一些女子要求到南开中学和男生合班上课。此说一经传出，社会上一群封建余孽疯狂反对，向张校长施加压力。但不久，果然有四位女学生进了南开和男生一同听课了！可见张校长在反封建方面是有魄力的，在社会上也起到了一定的积极影响。

不久，张伯苓把原来在南开中学西南门外道边只有一所小楼的南开大学迁到了八里台。八里台校址开阔，大有发展余地。这时张伯苓接受天津一些女学生的要求，又建成南开女中。接着在女中对面建立了南开小学。张校长常常高兴地说："我们南开有了自己的整个教育系统了！这对于贯彻南开精神有条件了！"

据我亲身受的南开教育来说，觉得张伯苓所说的"教育救国"，不过是想通过教育使学生学得到美国学生所取得到的知识，并运用这些知识使中国变成英、美那样的强国。记得张伯苓的弟弟张彭春从美国回来后，于1927年夏秋之际，以南开中学主任的身份在南中礼堂做报告说：“我们中国已远远落后于世界强国。我们不应在后面一步一步跟着走，必须把美国的精华吸收过来，迎头赶上去！”他怕学生们不理解他的意思，还特意打个比喻说：“就是把美国炼成的仙丹吞在我们肚子里！”

南开中学、大学的课本，除国文、中国历史外，一律是美国中学、大学的原文课本。为了方便学生购买美国出版的书，在南开还设有伊文斯售书处(美国伊文斯书店的支店)。记得我在大学一年级学生物课解剖蚯蚓时，李教授特意告诉我们学生说：“这蚯蚓是从美国特意运来的。”（生物学用的是美国大学课本，课本中的蚯蚓和中国的蚯蚓有些不一样）当年有些人认为南开学美国真是学到了家！

（选自《回忆张伯苓先生》，原载于《天津文史资料选辑》第八辑，天津市文史资料委员会编）

# 第六章
# 南开学校，风雨兼程

# 南开兴学，蒸蒸日上

张锡祚

光绪二十九年（1903年），先生与严范孙先生东游日本，参观博览会，同时考察该国的教育发展情况。先生和严范孙先生回国后，一致认为：要想富强中国，必先兴办学校，推广新学，启发民智，建设国家，遂决心创办中学。

光绪三十年（1904年）秋，先生合并了严、王两馆，借用严宅偏院，辟住宅为教室，办起中学。当年招收学生70余人，初名“私立中学堂”，后改名“敬业中学堂”，次年又改称“私立第一中学堂”。经费由严、王两家拨助。中学之外，为培植师资人才，又设立师范班。两年以后，师范班学生毕业，学校从中挑选成绩优秀者四人，资送日本深造，为学校未来的发展做准备。光绪三十二年（1906年），邑绅郑菊如先生捐助地名南开的空地（坐落在天津城西南）十余亩，作为扩建中学之用。后由严、王二氏，及徐菊人（世昌）、卢木斋、严子均几位先生，共襄义举，集银二万六千两，建起新校舍，因地处南开，故改“私立第一中学堂”为“南开中学”。转年，复得袁慰亭先生捐助，又修建了一座礼堂。到此，南开中学已粗具规模。

先生既决心献身于教育事业，曾对王夫人说道：“现在我决心终身从事教育事业，办教育是清苦事，事繁而收入少，家务之事，你能相助吗？”王夫人坚毅地答说：“你能为国为民，办此大事，我岂不能克勤克俭地持家吗？

不必担心。”先生得以专心从事教育事业达50年之久，夫人是颇著劳绩的。

南开中学建立后，以倡办新学，很有成效，一时社会上热心教育人士纷纷解囊捐助，因此，校舍得年年扩建，学生也年年增多。光绪三十四年（1908年），先生被推举为直隶省代表，去美国参观渔业博览会，同时参观美国教育的兴办情况；后又便道赴欧，考察欧洲各国教育发展情况，次年回国。

同年冬，久庵公逝世，先生哀痛倍加。久庵公因一生困顿，很想借先生的将来，一伸自己的平生志愿，所以对先生的爱抚、教诲，不遗余力，有关人生处世之道，对先生指点尤多，常说：“人越是在倒霉的时候，越要勤剃头打辫。”先生平生也常引用这句话来鼓励自己，在遇到任何困难或挫折时，从来不气馁。久庵公的教育方法是：重实践，贵启发；循循善诱。先生的一生，受到久庵公的教导和影响之处为最多。

宣统三年（1911年），天津提学使傅沅叔饬令将天津客籍学堂和长芦中学堂，并入南开中学。原来两学堂的经费，每年白银8000两，也一并拨归南开中学支用，校名改为“公立南开中学堂”。同年，先生的好友范静生出任北京清华学校总办，约请先生兼任该校的教务长。先生到任后，对清华学生的课业多有改革，深为该校的一些外籍教师所敬佩。半年后，先生为专心致力于南开教育，乃辞职回津。是年九月间（阴历）武昌起义，学生纷纷请假回家，学校课业因此停顿。1912年，民国建立，颁布改元，采用公历，时乃旧历正月十三日，恰好是公历3月1日，而3月2日，天津发生了兵变，到4月里，变乱平定后，南开才得开学。学校经费，月需银币1060元，由学务公所补助，学校还规定了每年10月17日，为南开中学的校庆日。

民国3年（1914年），直隶省工业专门和北洋法政两校的附设中学班，同时并入了南开中学，于是学校经费又有增加，校舍又有扩建。是年，先生兼任北洋女子师范校长。民国6年（1917年），先生鉴于中学既已建立，并且逐渐有所发展，遂下定决心，创办大学教育。以前曾试办过专科学校和高等师范班，均因种种困难而暂时停办。先生为进一步研究大学教育，乃第二次去美国，入哥伦比亚大学师范班。同时，遍游美国各地，考察美国各私立大学的组织和设施。翌年冬，先生回国后，就开始筹备大学部。民国 8 年（1919 年），北京各学校爱国师生，发起了五四运动，天津各校学生纷纷响应，其中以南开中学学生和先进的教职员为主干，组织请愿和游行示威。那时的天津警察厅长杨以德，竟派军警围捕请愿的代表，拘捕示威的爱国群众。南开中学的学生周恩来、马骏等和教师时子周、马千里等 40 余人被捕，后经先生设法营救，才获得释放。

就在这年的秋天，南开中学校舍之旁建起了一座楼房，随即聘请教授，招收学生百余人，设文、理、商三科，是为南开大学的雏形。那时，江苏督军李纯（字秀山，天津人），久慕故乡南开学校之名，后因病笃，遗嘱以家产之四分之一（折合当时银币 50 万元）捐赠给南开大学。先生得此巨款，即在天津城南八里台附近购地 400 余亩，建造大学校舍，两年后落成，南开大学乃迁入八里台新校址。继李纯督军之后，响应捐款的社会名流，大有人在，李组绅先生捐助矿科常年经费，袁述之先生捐助建筑资金。即便异邦人士，闻名捐款者也颇不乏人。秀山堂、思源堂等之命名，皆为纪念捐资助学的诸位先生。

民国 12 年（1923 年），先生应社会人士之要求，增设南开中学女中部，在中学附近，租用民房一所，招收女生 70 余人。二年后，又经各方人士捐助，在男中部操场之南，购地十亩，建筑了女中部新校舍。

民国 16 年（1927 年），先生鉴于东北各省蕴藏丰富，而东邻日本谋我甚急，于是在校内组织东北研究会，先生并亲去东北黑龙江考察，回来又组织东北考察团，到东北做实地调查，搜集资料，编写教材，作为中学部的地理课本。为此，深遭日本人的嫉恨。后来，1937 年 7 月 28 日的天津事变，南开学校惨遭日寇炮火轰击，被夷为废墟，实肇因于此。

民国 17 年（1928 年），又成立了南开小学。同年冬，先生第三次出国考察教育，周游世界，环绕地球一周。所到之处，深受热烈欢迎，留学各国的南开校友，也都分别远道赶来，与先生欢聚，无论到哪里，都能看到南开的学生。先生最爱学生，爱青年人，他常说：“我看见了青年人，就忘记了自己的老了。”这一年，先生得卢木斋先生资助，修建了一幢规模宏大的图书馆，可供藏书30万册，命名为木斋图书馆，以资纪念。

民国18年（1929年）严范孙先生逝世，享年70岁。严先生虽然生当清季，唯其思想之开明，迥非常人所能及。时先生在美未归，惊闻噩耗，倍感伤痛，盖先生受严老人格道德熏陶之处甚多。那时奉军少帅张学良，敬礼社会贤达，与先生颇有交往。张学良在沈阳设立东北大学，规模很大，聘请先生为董事。先生推荐东北籍学生宁恩承君为该校秘书长。又派专人去东北，对东北大学之校务整顿，多所擘划。张学良氏也虑及南开大学经费支绌，特捐助20万元，南开学校因此得力不少。

民国19年（1930年），在女中部对面，购地十亩，起建小学部校舍。到此，南开学校的大学部、男中部、女中部和小学部，全部建成，规模齐备。各方社会人士，慕名捐助者更多，如陈芝琴先生捐建南开大学女生宿舍楼；章瑞亭先生捐建南开中学部礼堂；还有傅宜生（作义）先生将小站营田1000顷，拨归南大经租，所有租金，作为南大常年经费。这时，南开中学部由于连年购地扩建，中间又开辟了大运动场，连接着女中部，对面又设立了小学部，校舍绵延达一里，蔚然成为一片文化区。大学部自校门起，大道笔直，两旁绿树成荫，曲池芳荷，红楼相望，已成为津南的风景区了。先生平生殚精竭虑，为祖国之复兴，创办南开学校，培植人才，到此，已初见成效。平居时常对我们说：“我死后，一定要葬在南开大学，我永远看着南开学校的存在和发展。”

（选自《张伯苓先生传略》，原载于《天津文史资料选辑》第八辑，天津市文史资料委员会编）

# 南开的戏剧和体育

张锡祚

南开学校为了培养学生的组织能力和团结精神，由学校派有专人指导，成立各种各样的课外组织活动，同学们可根据各人的爱好，自由参加。每天下午散学后，学生们就各自去参加课外活动了。这些课外组织有：自治励学会、敬业乐群会、青年会、童子军、新剧团、国剧社以及各种体育组织、各种学术研究会、演讲比赛会和出版刊物等，其中以新剧团、体育会两个组织最为活跃。

南开的新剧团，成立于清宣统元年（1909 年）。最初的目的是锻炼学生的演说能力，并利用剧情，针砭时弊。最早上演的剧目为《用非所学》，由先生主编和导演，剧本描写一个学而不化、到处碰壁的人，很富于幽默感。先生对新剧团负责了启蒙第一课，以后即由师生共同创作，共同演出。剧本集体创作有《仇大娘》《一元钱》《新少年》《一念差》《新村正》等。其后张仲述由美回国，他很喜欢研究西洋戏剧，编导了《人民公敌》《娜拉》《少奶奶的扇子》等。负责舞台布景的是华午晴。剧情报告则为章辑五。早期演员有时子周、马千里、周绍西、王祜辰、尹劭勤、伉乃如等；继后有周恩来、马骏和万家宝（曹禺）。以后，随剧团之发展，服装、道具、灯光、效果以及化妆等，也都渐具规模，各有专人管理。剧团每在校庆日，公开演出，一连两天，轰动一时。除校庆日之外，每周星期六或一般小的节日，也有演出。学生们花费一角钱，买上一张票附带一包糖果，又看，又吃，又玩，师生同乐。那时，万家宝正在中学部读书，他受到不少的影响，他创作的名剧《日出》《雷雨》等，都曾在南开新剧团上演过。戏剧公演之同时，还不断穿插些相声、魔术等小节目。特别有一位同学姓杨（忘其名），他在读中学时，就常表演魔术（变戏法），后来，他升入大学攻化学，他利用物理、化学的实验，丰富了他的魔术内容，颇得观众的喝彩。那时南开的新剧团，实已超过了一般剧团的技艺水平。

后来，南开又成立了京剧社，在学校的节日，也常常上演。每次演出时，先生总是坐在前排，聚精会神地观赏，直到剧终为止，不论台上演得好或不好，他都兴高采烈地为演员们打气。他常说："这是师生们在一起玩，不能要求太高嘛！"他平生的爱好，就是跟学生在一起玩。

南开的体育，也开展得最早。无论是田径，或是各种球类，包括篮球、足球、棒球、排球和网球等，以及武术会，都是很发达的。在历届华北或全国运动会上，南开是享有盛名的。那时，先生总是担任着总裁判。田径赛里出现过"大金刚""二金刚"，篮球队里出现过南开"五虎将"即李国琛、刘建常、王锡良、唐宝堃和魏蓬云等。他五人曾代表中国，出席过远东运动会。当先生看到这些神采奕奕、生气勃勃的年轻一代各显身手时，从他微笑的面容里，可以看出他的内心喜悦。后来，在重庆南渝中学时，先生不惜出大力，修建了一座运动场，叫学生们在里面跑跑跳跳。他常说："这些孩子像一群野马，哪能关在笼子里？"又说："有了好身体，才能有坚强的意志，担起建设国家的重任；身体若不好，就失掉做事的本钱，什么也谈不到了。"先生不仅重视男学生的体育，同时也重视女学生的体育。一切运动项目，也有女学生参加。要求男、女学生都是文武全才，这就是他的体育方针。

（选自《张伯苓先生传略》，原载于《天津文史资料选辑》第八辑，天津市文史资料委员会编）

# 在抗战的疾风骤雨中

张锡祚

民国20年（1931年）9月18日，日本侵略者在东北发动了事变，进占了沈阳，不久日军又北上，攻陷了吉林，吞占了黑龙江。继而寇军占锦州，侵山海关，犯热河，于是我东北大好河山，全部沦为敌有。日寇掠夺东北得逞后，进而窥伺华北，经常在天津编组便衣队，用以滋事骚乱。那时，日本租界里的海光寺兵营，正处在南开大学部和中学部的中间，日本侵略者常常以军事演习为名，越出租界，一直跑进南开学校来打靶，对准教室楼架设机关枪，肆行寻衅，制造骚乱。南开师生早已识破日寇的伎俩，置之不理，照常上课，日寇虽恨之入骨，也无可奈何！

南开学校虽处在疾风阵雨之中，但仍然在不遗余力地发展着。是年，大学设工科和化学工程、电机工程两系。为了进一步提高学术研究，又增设经济研究所和化学研究所。

民国23年（1934年）是先生与王夫人结婚40周年的纪念。先生尝说："我的一生事业，得助于夫人处良多。我每逢困难时，夫人则劝我不要气馁；遇有挫折时，夫人必鼓励我，有一番挫折，学校会有一番发展。"因此，在结婚纪念日的那天，先生邀请故旧友好，学校同人，各偕夫人来舍，举行茶会，以资庆贺。王夫人共生过七子一女，其中三子一女夭折，余锡禄、锡羊、锡祚、锡祜兄弟四人。时国民党政府初建空军，航校设杭州笕桥，在全国各地招生，四子锡祜应试被录取，同年毕业后，回津省亲，先生为引证岳母训子故事，勉励锡祜“尽忠报国”。

次年，清明日为先生六十寿辰，南开校友和亲戚故旧们齐来为先生祝寿。因这年又是南开学校成立30周年，校友会乃发起“三六”奖学金为先生寿。奖学金额预定为3.6万元，结果，共募得6.9万元，远远超过了计划数，即以此款全数，作为清寒学生奖学金。就在这年冬天，先生到四川游历，见到蜀中真乃天府之国，人文荟萃，物产丰饶，于是先生有在川省建立南开分校之意。先生又看到当时的华北局势日趋紧张，应早做准备，为未来后撤时留有回旋余地。

民国25年（1936年）春，先生派中学部主任喻传鉴到四川，视察川省教育。四月间，在重庆沙坪坝购地八百亩，随即鸠工破土。八月间一部分校舍竣工，招录新生200余人，九月间正式开学，定名为南渝中学。当时一般社会人士，莫不惊奇于建校之神速。到此时，南开学校由五名学生的严馆，经过40年来的苦心经营，已经发展到大、中、女、小、渝五部，在校学生3000多人。这一成绩，纯属时间的堆积而成，绝非一朝一夕之功。

民国26年（1937年）7月7日，日本侵略者仍沿用其一贯的侵略伎俩，挑起了卢沟桥事变，7月28日，战祸延及天津。在前一天（即27日）下午，有日本军车一辆，满载日寇侵略军，自津南驶来，到八里台南大校门刹车。几个兽兵把校门外悬挂的抗日标语牌，用军刀砍下来拿走，临上车时又大声嗥叫，还有一个兽兵从车上扔到校内一支枪，然后狂傲地乘车散去。当时先生在南京，校内各部负责人见日本侵略兵来意不善，情势危急，时值暑假期间，校内仅少数住校生，还有部分教职员及其家属。学校紧急通知，限他们在当晚前离开学校，迁往安全住处。学校虽已早在迁移，这时尚有部分图书仪器未及迁出，乃紧急转移。当夜即28日凌晨，日寇果然在津发动了事变，由28日午夜到29日，日寇从海光寺兵营，用密集的炮火轰击南开大学彻夜未停。第二天寇机又来投掷大批炸弹，之后，有军车开进学校，把未炸平的楼房泼油纵火烧毁。中学部也遭到同样厄运。事后查明：大学部的秀山堂、木斋图书馆、芝琴楼女生宿舍、单身教授的宿舍楼和大部平房，均被夷为平地。中学部的西楼、南楼和小学部的教室楼，也化为一片废墟。大学部有大钟寺赠送的一口大钟，重1.8万斤，钟面镌有全部《金刚经》，是罕见的一件历史文物，也被日寇拉走，熔作枪炮子弹，用来屠杀中国人民。

当日，日本特务率领几个朝鲜浪人，还到先生家捉人。且幸家人已事先逃离，特务们只把未搬走的衣物抢掠而去。是时，先生适在南京，惊闻南开四部校舍被毁，异常愤怒，念及四十年来惨淡经营，一草一木，莫非亲手建树，今朝日寇入侵，一旦化为灰烬，不禁悲从中来。去见蒋介石时，蒋曾安慰他说："有中国就有南开。"这样就更触动了先生衷曲，但另一面也助长了他对蒋介石的迷信。先生的秉性毕竟是刚强的、乐观的，当时他坚毅地说："我深信中华民族是不会灭亡的。南开学校是为复兴祖国而产生，必然遭到日寇所嫉恨，其被炸、被烧，固意料中事耳，只要中华民族存在，南开也必存在！我们继续努力吧！"

先生的精诚感动了当时的社会人士，于是，大家都争先恐后地为重庆南渝中学捐款，在很短的时期内，添建了南渝校舍，学生名额迅速增加到1500多人。为了保存南开的传统精神，并符合各方人士和南开校友的心愿，把重庆南渝中学改名重庆南开中学。这个南开中学，成了战争时期中国学校的典范，它是战后中国复兴的象征。那时，所有到重庆来的国外人士都争先参观重庆南开，会会张伯苓校长这个人物。

"七二八"天津事变之后，"八一三"上海事变发生，我中华民族的全面抗战开始了。王夫人偕三子锡祚和长孙元竞，辗转逃到南京。因南京也是天天受空袭，先生决定入川，到达重庆后，定居重庆南开中学里的津南村。蒋介石听说先生抵达重庆，就把先生四子锡祜牺牲的消息，电报通知了他。先生看过电报后，递给我，并神态镇静地说："你看看，老四殉国了。"接着又语气缓慢地说："我早就把他许给国家了，遗憾的是，他还没有给国家立功。"先生在敌寇入侵、国家危困、南开被毁和幼子牺牲等沉重打击下，没有屈服，没有悲痛，而是化悲痛为力量，努力发展重庆南开中学，实现其教育救国的夙愿。

民国 27 年（1938 年），南京国民党政府迁移汉口后，成立了国民参政会，公推先生为副议长。先生力主国难当头，同舟共济，消弭内争，团结抗战。

同年，国民党政府教育部命令，南开大学、北京大学和清华大学迁长沙，合并为临时大学。继又迁往昆明，定名为国立西南联合大学。北京大学校长蒋梦麟系先生的老友，清华大学校长梅贻琦，是南开中学第一班毕业生。先生与蒋、梅二氏，共任西南联大常委，先生力主合作到底，直到抗战胜利，三校复校时，三常委始终是和衷共济的。

原在塘沽的永利碱厂、久大精盐厂和黄海化学研究社，以及南京的硫酸铔厂，同在抗战中被敌摧毁。他们的总经理范旭东先生乃当时的民族工业巨子，也是先生的老友。三厂一社的负责人和工程技术人员以及一些老技工，统由范旭东率领，远程跋涉，来到重庆。先生为了给国家保留这些民族工业力量，特拨南中芝琴楼教室一部分和部分住宅宿舍，作为这三厂一社撤退后的集散处所，徐图恢复生产，免致人才星散。那时，全国各省各界的后撤人员陆续来渝，因而学校里学生日益增多，教室、宿舍都已不敷应用，校方颇感困难，先生唯勖勉同人："要从大处着眼，从全面抗战看问题，困难总会得到解决的。"

抗战期间，先生在重庆专心致力于南开中学的建设。几年的工夫，他把沙坪坝 800 亩荒地建成为一座大花园。他修建的计有：教室楼二，图书馆一，男生宿舍三，女生宿舍一，其余如医院、饭厅、浴室，以及教职员工住宅等，样样齐备。另外，依山地起伏，开辟了一座雄伟宽阔的运动场，两旁砌有石看台，坡下凿有养鱼池，环绕池边，遍植蜡梅和栀子花，阵阵清香，熏人欲醉。图书馆前，一片青翠的柏树。外来参观的客人，无不惊奇道："沙坪坝变了，南开学校焕然新貌，张校长是一个魔术师啊！"先生听了微笑着说："不是魔术师，我是一个不倒翁。日本人把我打倒了，我随手又起来了，而且，今天我在建设一个雄伟壮丽的教育基地，准备建设新中国。"但是，日本侵略者对于这个民族教育基地更加嫉恨，愈逞凶残，于民国29年（1940年）8月间，又以几十架寇机，围绕着这个毫无军事设施的教育基地，投下了大批巨型炸弹。日机撤离后，南开学校的损失虽很严重，但先生毫不在意，立刻派工整修，迅即复原，学生课业照常进行。当时，有人忧心如焚地说："日机若再来轰炸，怎么办呢？"先生坚毅地说："再炸再修！"先生的确是个不倒翁。

抗战初期，先生热心襄赞国事，几有利于扰战之事，莫不大胆为之。那时有些南开同学和校友向往延安革命圣地，请先生代为介绍。先生无所顾忌地一一给他们写了介绍信。中国的抗日战争，初时还得到过苏联空军的支援，后来却在独力作战了。而美国帝国主义者则助纣为虐，屡屡将大量军火和废钢铁转让给日本，使他们肆意屠戮中国人。为此，先生于1940年元月间，发表了对美国人民的广播讲话，他郑重地声明："1. 中国为自由生存而战，准备一切牺牲，抗战到底！ 2. 日本如无国外的军火供应，它对中国的侵略力量，必将大大减小。3. 美国对于停止供应日本军火的任何行动，都将有助于远东局势的安定，维护世界和平。4. 美国与中国，有着传统友谊，美国又是爱好自由、民主，主持正义的国家，深信中国必会得到美国的援助。"先生的四点声明，获得美国的一般有识之士的深切同情。

抗战时期，先生的家就住在津南村三号，那是一所四开间的小平房，设备简单而朴素，经常有南开校友、老朋友和慕名人士来看望或访问他，先生总是盛情接待。国共合作时期，周恩来、邓颖超二同志就是先生家的座上客，周恩来同志与先生有师生谊；邓颖超同志于五四时期，在北洋女子师范读书，当时先生兼任该校校长，故与先生也是师生关系，彼此间有着深刻的认识和深厚的情谊。后来毛主席到重庆时，周恩来同志陪同毛主席曾来拜望先生，会面后，相谈甚欢。次日，先生还带着我们进城，到上清寺张治中宅回拜毛主席，适值主席外出，不遇而返。先生老友谭仲逵先生，是蚕丝专家，民初曾任北京大学教务长，与李大钊先生同时，当时任经济部技监，其夫人陈淑君，与汪精卫的老婆陈璧君是姊妹。谭先生携眷抵渝后，借住沙坪坝南开中学里，白天进城办公，晚上必来看望先生。先生惯例每晚必听广播，有时也和王夫人玩纸牌，谭先生每来，就喝茶闲谈或看报。后来汪精卫投敌，曾邀请谭先生出走，谭耻于当汉奸卖国贼，断然拒绝，先生大为赞许，并说："好的！好的！你自管在这里住下去！有什么事，我与你同当。"

自从国民党政府迁到陪都之后，日寇的机群就追踪而来。民国 28 年（1939 年）5 月 3、4 两日，寇机编队来袭，那时，我国既无空军阻击，几门高射炮又何济于事？敌机对准这个山城，狠狠地投下来无数的爆炸弹和硫黄弹，引起了全市大火。远在 40 里之外的沙坪坝，遥望山城火海，满天通红，当时被烧死的人，要比被炸死的人多得多，真是一场浩劫！此后敌机天天来袭，重庆日日被炸，更有甚者，敌机一次连续轰炸了八天八夜，警报一直未解除。就这样，我们抗战了八年，敌机轰炸了八年，直到最后两年，重庆的空袭警报次数才渐渐减少了。敌寇虽然如此凶残，但中国人民战志弥坚，每当解除警报时，人们便走出防空洞，一切工作照常进行，谁也没有因空袭而影响了自己的工作和生活。由于中国人民坚持对日抗战，引起了世界各国对中国人民力量的重视，美国总统私人代表威尔基和由吴努率领的缅甸访华团，先后到我国访问，他们抵渝后，都参观了南开中学，会见了先生。威尔基回国后，著有《天下一家》一书，书中极力推崇先生，他写道："他（指先生）气宇轩昂，有严肃、沉思的学者风度，但又具有爽朗的幽默感。……无论我们谈到战争或美国的大学，他的知识和判断，美国人士都是难以望其项背的。"这表明了友邦人士对先生的钦敬。

在日本侵略者发动了太平洋战争之后，美国对日本正式宣战，国际条件对中国的抗战非常有利，我们已不再是孤立作战了。先生看到当时国际形势的发展变化，精神非常振奋。有一次先生在校友会上讲道："当前国内形势很好，我精神倍感兴奋。我要为祖国、为南开再干 12 年，到 80 岁退休。"先生并常常告诫校友们说："我还没有老，希望你们谁也别说自己老！"当时先生已是 68 岁，将近古稀之年，但他的精神，却是旺盛的，贯穿着南开精神。国民党政府，以先生终身从事于教育事业，功在国家，于民国 33 年（1944 年）特颁布给予一等景星勋章。

（选自《张伯苓先生传略》，原载于《天津文史资料选辑》第八辑，天津市文史资料委员会编）

# 抗战胜利，南开复校

张锡祚

民国 34 年（1945 年）8 月，日本侵略者战败投降，我国宣布抗战胜利。先生闻讯后的喜悦心情，自不待说，更重要的是他早已预做准备的大事——南开复校工作到来了。先生立即召集在校的基干同人，开会研究复校工作的安排、经费的筹措。大学部已改为国立，经费可由政府拨给，而中学部仍是私立，一切经费均须自筹，因此，这项复校工作不是一件小事，既要人力和物力，更要紧的是财力。且幸先生凡事机先，他深知南开的建立，全仗社会人士的玉助，南开的复校，也离不开社会人士的支援，所以他早已尽力联络各方面人士，吁请支持。他更明白，南开校友遍布国内外，这是很大的力量，所以他平日极关注校友会的活动，经常把复校计划详细地告诉校友们。今日复校工作开始了，只需再作一番呼吁和号召就行了。

大学部是整个由昆明迁回天津，除整修残存的废旧校舍之外，又由国民党天津市政府在市内甘肃路拨给一所日本学校，作为南大东院，招生开学。先生决定派喻传鉴、丁辅仁和王九龄三位老同人先到天津，筹备中学部的复校，具体工作由丁辅仁负责。在他们行前，先生只简单地嘱咐说："你们只扛着南开这面大旗去干吧！"第二年（1946 年）夏初，我回到天津，丁辅仁先生笑着对我说："你看啊！校长给了我这面大旗，我扛着它真是无路不通。刚回来，中学部这几所楼都破烂不堪，大礼堂里面空洞洞，图书馆被寇兵用来做马棚。现在都修起来了，真是焕然一新。又在甘肃路接收了一所日本女学，作为女中部校舍。一切教学设备也全有了，大礼堂一排排的座椅，能容纳两千人，这些东西单有钱是买不来的，我们只是跑跑腿，动动嘴，全亏这些位社会人士们、校友们，有出钱的，有出力的，没费什么劲，就把工作全办好了，这不是奇迹吗？”这一段复校史很顺利，大学、男中和女中都已恢复，只有小学部还没有恢复起来。

先生在抗战后期，患有前列腺胀大病，虽经几次手术治疗，终未痊愈，因循到抗战胜利，决心出国做手术治疗。南京国民党政府拨给了一笔外汇，由长子锡禄陪同赴美。到达上海时，当地校友们热情地为他举行了一次盛大的欢迎会，因此天天有客人来看望他，约请他，由于心情兴奋和身体劳累，病势又加重了。先生乃在医院里疗养了一个时期，旋即启程赴美。在美经外科手术，切除了全部前列腺，不久就痊愈了。

先生出院后，住在仲述叔家。仲述叔小于先生十六岁，幼年即事先生如严师，敬中生爱。成年后学哲学，博闻强记，最擅长演讲，久庵公逝世时，他年方 18 岁，次年就去美国游学，后来，遍历欧洲和美洲各国，通晓各国情况，抗战前夕，曾访问苏联，他和周恩来同志最相契，校友们都称他为九先生。先生在纽约仲述叔家中，老兄弟俩欢聚畅谈，备极愉快。民国 35 年（1946 年）4 月 5 日，是先生的七十诞辰，一些侨居美国的中国社会人士和南开校友相联合，为先生祝寿。席间，贺客联名题词志贺，内容丰富多彩，其中以作家老舍（南开老教师舒舍予）和剧作家曹禺（南开学生万家宝）二位先生的贺词，最能道出先生的生平业绩。原贺词记录如下：

**张校长七十大庆**

知道有个中国的，
便知道有个南开。
这不是吹，也不是唠，
真的，天下谁人不知，

南开有个张校长？！

×××

不用胡吹，不要乱讲，
一提起我们的张校长，
就仿佛提到华盛顿，
或莎士比亚那个样。
虽然他并不稀罕做几任总统，
或写几部戏剧教人鼓掌，
可是他会把成千论万的小淘气儿，
用人格的熏陶，
与身心的教养，
造成华盛顿或不朽的写家，
把古老的中华，
变得比英美还更棒！

×××

在天津，他把臭水坑子，
变成天下闻名的学堂，
他不慌，也不忙，
骑驴看小说——走着瞧吧！
不久，他把八里台的荒凉一片，
也变成学府，带着绿柳与荷塘。

×××

看这股子劲儿，
哼！这真是股子劲儿！
他永不悲观，永不绝望；
天大的困难，他不皱眉头，
而慢条斯礼的横打鼻梁！

×××

就是这点劲儿，
教小日本儿恨上了他，
哼！小鬼儿们说：“有这个老头子，
我们吃了天津萝卜也不消化！”
烧啊！毁啊！
小鬼儿们连烧带杀，
特别加劲儿祸害张校长的家！
他的家，他的家，
只是几条板凳，几件粗布大褂，
他们烧毁的是南开大学，
学生们是他的子女，
八里台才真是他的家！

×××

可是他有准备！他才不怕，
你们把天津烧毁，
抹一抹鼻梁，
哼！咱老子还有昆明和沙坪坝！
什么话呢？
有一天中国，便有一天南开，
中国不会亡，南开也不会垮台！
沙坪坝，不久
又变成他的家，
也有荷塘，也有楼馆，
还有啊！红梅绿栀，
和那四时不谢之花。

× × ×

人老，心可不老，
真的！可请别误会，
他并不求名，也不图利，
他只深信教育青年真对，
对，就干吧！干吧！
说句村话：
有本事不干，简直是装蒜！

× × ×

胜利了，
他的雄心随着想象狂驰，
他要留着沙坪坝，
还要重建八里台，
另外，在东北，在上海，
到处都设立南开。
南开越大，中国就越强，
这并不只是他个人的主张，
而是大家的信念与希望！

× × ×

他不吸烟，也不喝酒，
一辈子也不摸麻将和牌九。
他爱的是学生，
想念的是校友，
他的一颗永远不老的心，
只有时候听几句郝寿臣，
可永不高兴梅博士的《贵妃醉酒》。

×××

张校长！

你今年才七十，还小的很呢！

杜甫不是圣人，

所以才说：“人生七十古来稀！”

我们，您的学生

和您的朋友，

都相信，您还小的很呢！

起码，还并费不了多大的劲，

您还有三四十年的好运！

您的好运，也就是中国的幸福。

因为只有您不撒手南开，

中国人才能不老那么糊涂。

×××

张校长！

今天我们祝您健康，

祝您快乐！

在您的健康快乐中，

我们好追随着，

建设起和平的、幸福的新中国。

大中华民国三十五年六月九日

学生曹禺
后学老舍　敬祝

纽约城

这首贺词写得非常的妙，也非常真实。先生说:“这首诗写得很好，给我好好地保存着。”先生的一生事业，早已闻名国外，30年前，先生曾在哥伦比亚大学研究过教育，今天该校为了表彰先生的事业成就，特赠名誉博士学位，以志荣誉。

民国36年（1947年）春，先生病愈回国，乘火车返回故乡。天津的社会人士们闻先生归来讯，都出自本心地到车站欢迎，以至于人山人海，路为之塞。先生这时已是72岁的高龄，但仍是雄心勃勃，他认为大学教育可集中在天津办理，而中学教育则宜于分散设立，在全国几个大城市，使学生可以就近入学。他为此又想在东北和上海再设两个分校，得天下英才而教育之。在他的理想中，总是有做不完的工作。

（选自《张伯苓先生传略》，原载于《天津文史资料选辑》第八辑，天津市文史资料委员会编）

# 先生兴学，势如春笋，展拓蒸蒸

王斗瞻

先生行事，重实践，不尚空谈；求前进，不喜保守。凡事行前必计划周到，行时必认真执行，行后必切实检讨，每得一次经验，必多一次进步。平日尝好以“干到底”“顶到头”“日新月异”“不走近路”“勿择阻力最小之路”诸语，勖勉生徒。先生事事能以身作则，遂养成南开朴厚苦干之特殊精神也。

先生又觉中学教育逐渐发达，而师资缺乏，不可不预为之计，乃又与北洋大学总教习王泉筹设师范班，日后河北女师学院院长齐璧亭、西北师范学院院长李湘宸，既当时之师范生。光绪三十四年（1908 年），南开第一班毕业生梅贻琦、张彭春、李圣章、喻传鉴等 32 人，今皆分道扬镳，为国宣劳矣。是年先生代表直隶省参观美国渔业博览会，并考察新大陆教育。由美赴英，冬始返国。

清宣统三年（1911 年），清华学校总办范静生聘先生为教务长，终以南开故，任职半年，辞职返津。民国成立，先生“深为乐观”，益奋教育救国之宏愿，连年添筹经费，购置新地，建筑校舍，学生由数十人增至五百人。厥后增设专门部、高等师范部，两次均以困难而停顿。先生深感办学之不易，乃于民国 6 年（1917 年）再渡美，入哥伦比亚大学师范学院，研究教育，并考察私立大学教育之组织及其发展，为重办大学之借镜。时先生年四十二矣。次年冬同严范孙、范静生、孙子文诸公游美归国，乃议设南开大学，由徐菊人诸氏之赞助，初建校舍于中学之南。于民国 8 年（1919 年）秋，招生百余人，设文、理、商三科。民国 10 年（1921 年）在南郊八里台，得地四百余亩，起建新校舍，江苏督军李秀山遗嘱，以家产四分之一，充南大基金，为立秀山堂。更得美国罗氏基金团及袁公述之之助，起建科学馆，颜曰思源堂。

先生知东北四省，矿产至富，而日人谋我至急，不可不谋抵制之方，于是有东北研究会之组织。先生身历东北各地，亲自考察，所至深受当地人士之欢迎，乃引起日人之注意；后复派南大教授，组织东北视察团，对于东北经济，专做实际之调查与研究；并将重要材料编为东北地理，以做中学之教本。于是南开学校，遂更受日本之嫉视。时民国 16 年（1927 年）。次年，先生三次出国考察教育，并为大学筹募经费，足迹遍英、美、日、法、瑞、意诸国，所至受彼邦人士及南开校友之热烈欢迎，势如春笋，展拓蒸蒸！并得卢公木斋捐建木斋图书馆，藏书 30 万册，于是大学设备，更为充实。

大学本注重科学教育，但科学之终鹄，厥为利用厚生。先生知应用科学之重要，于民国 21 年（1932 年）在理学院添设化学工程及电机工程两系，于研究纯粹科学外，复趋向技术人才之养成。次年复设立化学研究所，目的在应工业界实际问题之咨询，借以训练化学工业之专门人才。

大学经济研究所之成立，则在民国 23 年（1934 年）。先生办大学：一方面注意高深学理之研究，一方面注重实际问题之解决，民国 16 年（1927 年）即有社会经济研究委员会之组织，并训练大学生做解决社会经济实际问题之准备。遵部章成立经济研究所，以何廉任所长、方显廷为研究主任。南大概况约略如此。

南开女子中学，乃先生应社会之需要，女学生之请求，成立于民国 12 年（1923 年），购地建舍，完备于民国 14 年（1925 年）。

南开小学，动机于先生在美研究教育时。从学于哥伦比亚大学教授克伯屈。克氏对于小学教育，素有兴趣，先生亦颇受其影响。乃于民国 17 年

(1928年)设立小学，聘克氏弟子阮芝仪博士为实验导师，从事于设计教学法之实验。开办二载，来学日众，亟须建筑新舍，先生尝谓:“儿女众多，年年长大，个个当添新衣，虽疼爱幼儿，其如手头拮据何！”小学生乃联名致函大学、中学、女中各部同学，谓:“哥哥姐姐们都有轮奂的校舍、宽大的运动场，独我小学，则付阙如！请哥哥姐姐们，帮同校长替我们设法。”各部学生读之，深受感动，每人自动认捐10元，于是小学生梦想宏大之校舍，越半年即告实现。

民国24年(1935年)，先生六十诞辰。校友会及在校师生举行祝寿大会，先生莅场受贺，全校腾欢！校友及各部学生复分在各部礼堂，表演游艺话剧及国剧，以志庆祝。校友会为纪念南开学校三十周年，及先生六十寿辰，发起“三六奖学金”筹款运动，竟得六万九千元，几至超过所期之一倍。

(选自《张伯苓先生事略》，原载于《天津文史资料选辑》第八辑，天津市文史资料委员会编)

# 移步换景逛南开

黄钰生

天津旧城西南角，有一条由北往南的街道。经过一段旧木器、木料的铺面，经过路西的电车公司，再往南有一溜围墙，墙内就是南开中学。铁栅栏门的右侧是“号房”，管号房的老人叫刘明。他以老家人管少主人的态度管我们，管得很严很认真，我们都有三分怕他。离号房西南角三四丈，有口井，井架横楣上刻着第一班毕业生的姓名：梅贻琦……这些“井上有名”的人，在社会上有地位，也受到后来同学的尊敬。

进围墙大门，迎面是一幢灰砖楼房，洋式。当时我看它很大，今天看它，并不那么大了，但还不失为一个整整齐齐的建筑物，比起和它同期的所谓洋房，顺眼多了。我们习惯地叫它为“东楼”。东楼现在是“周恩来同志青年时期革命活动纪念馆”，南开是我们敬爱的周总理的母校。他 1913 年至 1917 年在南开中学上学，1919 年在南开大学上学。他中学时期的课室，一度在东楼。

一进东楼，最引人注目的，是过道左侧的大穿衣镜。镜上端的横匾，刻着几句箴言：“面必净，发必理，衣必整，纽必结……”这面镜子，这几句箴言，对我们这些早期南开中学的学生，确实起了教育作用。我们出校进校，确实常常在镜子面前，摩挲摩挲头发，整理整理纽扣，整饬仪容成了风气。南开学生走到街上，人们一看就看得出来。别人挖苦我们，说我们“臭”，我们确实有自豪感。青年时期养成的习惯，很自然地保持到后来。南开同学，各行各业都有，政治和经济地位有高有低，但是，几十年来，我很少很少看见邋邋遢遢、不修边幅的南开老同学。

东楼进口的过道通向一溜走廊，走廊分左右两翼。右翼是几间办公室，庶务会计室的窗口，望着过道，我们在这个窗口交学费，右翼北端是一间较大的教室。左翼从北往南：接待室、理化仪器室、阶梯教室即理化教室。左右两翼走廊两面墙，西墙上挂着学校的规章（相当于今天的“学生守则”），东面墙上挂着走读生的姓名牌。一个走读生有一个竹牌，竹牌的一面用红笔写姓名，另一面用墨笔写姓名；黑字表示学生已进校，红字表示学生已出校，走读生早晨来上课，将红牌翻成黑牌，下课回家，将黑牌翻成红牌。这个稽核出入、检查勤惰的办法，直到我上三年级的时候还用着，后来学生多了，墙上挂不下走读生的姓名牌了，才改用别的办法考勤。

西墙上的规章，都是严格执行的。赌博和冶游（即嫖妓）是绝对禁止的，一发现就立即挂牌开除，南市三不管是我们的禁地。现在的和平路北头，路西有个中华戏院（现在是新华书店礼堂），那是个“落子馆”，即是妓女卖唱招客的地方，我们有事经过那里，总是绕开它，生怕落个嫖妓的嫌疑。说也奇怪，学校并不派人到三不管去巡逻，但是我们就是不敢到三不管去，校章还禁止早婚，不到 21 岁，不许结婚，谁要是犯了这一条，就立即勒令退学。但这条不适用于入学时业已结婚的人。还有一条严格执行的禁令，那就是考试舞弊。任何舞弊的手法，一抓住立即开除，毫不宽假。学生们宁可得低分，也不愿被开除。这条规章，一直执行于抗战前的南开中学和南开大学。

学生们也不许抽烟，违者记过。我们出校了，长大了，做事了，在同学聚会的场合上，抽烟的人都互相调笑地说：“你犯校规了。”或者校长在场，抽烟的人总有点拘束。校长总是笑着说：“抽烟的人，抽吧，这回不记过了！”

关于禁止吸烟，南开同学中还传说一段故事。有一回，张校长申斥一个犯了抽烟禁令的学生，那个学生很调皮地说：“您教我不抽烟，您干吗也抽烟？”张伯苓憋了半天，说不出话来，然后把他的烟袋一撅两段，坚定地说：“我不抽，你也别抽！”从此他真的不抽烟了。若干年后，有一回，我和他谈弗洛伊德的心理学说——梦是欲望的假满足，他笑着说道：“有道理，我戒烟之后好久还做梦抽烟。”

咱们接着谈校舍。进东楼，经过道，迎面是一道门，门通向一个下面有涵洞的短廊。短廊通向礼堂。礼堂门楣上的横匾，刻着“慰亭堂”三个字。慰亭是袁世凯的号，他捐了一万块钱给南开中学。南开中学用这笔钱来盖这个礼堂，横匾就是纪念捐款的。及至袁世凯称帝，慰亭堂的牌匾被撤下来了。撤下这个牌匾，动议可能来自学生，校当局也是同意了的。

礼堂的南、北、西三面，围绕着一些小房间，向北的有一间是基督教青年会，有一间是广武学会存刀枪剑戟的地方，有一间是军乐队存乐器的地方。所有向西的小房，后来都拆了，改成一个“思敏室”。“敏”是严约敏，他是严范孙的侄子，教我们代数，我们很喜欢他，他死了，同学们捐钱盖思敏室纪念他。思敏室在寻常日子一部分是俱乐部，是小型的集会场所，一部分是新剧团的团部和存道具的地方，到了演戏的时候，一齐拉通，成了后台。礼堂周围向南的房子是教职员的宿舍，有的一人一间，有的两三人一间，校长张伯苓的宿舍是东南角的那一间。他的家当时在南马路，但他时常住在学校里，有几位国文老师在天津有家，也住在学校，星期六下课后才回家；家在外埠的老师，就长期住校了。

东楼的楼上是几个教室，南北两头的较大，中间的较小。回忆起来，我在其中北头和中间的一间都上过课。也有一条走廊，走廊的南头，是个小亭，上课下课要敲的钟，就在亭内。当时学校范围不大，铜钟虽小，敲起来，也可以声闻全校。

东楼的南头，与它垂直的有一溜平房，这溜平房的用途在我在校期间，几经变迁。最初是学生宿舍，我刚入学时就住在其中一间。师范班归并到南开来，他们的宿舍和教室都在这溜平房里，师范班毕业了，1916年南开办

“专门班”，我是专门班第一班的学生。我的课室和化学实验室也在这里。我离校之后，这溜平房改建成为行政和教学用的“中楼”了。

东楼的北头与它垂直的是一幢楼房，叫作北楼。北楼楼上是几间相当大的课室，我一年级时在其中之一上课。楼下本来也是预备做课室的，因为宿舍缺乏，也暂时做了宿舍。我在那里住过一个时期。我清楚地记得，我的寝室向北的窗户外，隔一条胡同就是电车公司。寝室的门对着礼堂。

北楼西头是一幢平房，跨度相当大，前檐比北楼稍为突出一点，这当时叫“北斋”。北斋的内部，用木板隔成两溜寝室，中间留一个走道。到了冬天，两个大火炉生在过道里，烟筒通到宿舍的两头。因为断间只有一人多高，所以火炉的热气，部分可以到达寝室。

在北楼与北斋交界处，有一条由北往南的长廊。长廊的东边是礼堂，是校内运动场；长廊的西边，从北斋数起，从北往南，是一溜平房（学生课外活动的会所和储藏室），是食堂（即饭厅，中间是个篮球场），是厕所（厕所除了正当的用途之外，还是学生们偷着开夜车的地方），是教职员宿舍一溜平房，是小花园，是名叫西斋的四排宿舍——高年级的宿舍。敬爱的周总理的寝室在第二排，我住得离他不远。西斋最南一排，与盥洗室、开水室为一边，长廊的南头为一边，形成一个天井。长廊南头正角左拐是与北斋相同的南斋。南斋是我离校之后盖的。南斋东头是当时校舍东南角。从南斋东头左拐是一溜平房，从南往北是“自治励学会”“敬业乐群会”、《校风》的编辑部等课外活动场所，好像还有消费合作社。这溜平房与东楼平行，它的北头直抵围墙大门。

我之所以絮絮叨叨说早期南开中学的校舍，不是为了说明这些建筑物如何如何，因为除了东楼和礼堂可能有建筑设计之外，其余都是土法盖起来的。我之所以絮絮叨叨说校舍，是为了：（1）说明学校发展之快，1912 年初，我入学之初，全校只有 200 多人，及至 1916 年我离开南开时，学生人数已达一千。张校长打比喻说：“孩子长得快，去年缝的袄，今年穿不得了，又得要添新的。”（2）说明校行政的匠心——不是建筑技术的匠心，而是教育措施的匠心，每一个建筑物都有它教育的用意。(3）我怀念华午晴这个人。抗战前，南开中学、南开大学、南开女中、南开小学的校舍，都是华午晴经手盖的。这个人诚实、正直、廉洁、能干而才华不外露。他是南开起家的大功臣，是南开的建筑师、会计师又是财务管理员。南开行政廉洁的风气和行政效率之高，是和他的作风和操守分不开的。我和南开的老同学，都非常尊敬华先生，其尊敬的程度，仅仅亚于张校长。

（选自《早期的南开中学》，原载于《天津文史资料选辑》第八辑，天津市文史资料委员会编）

# 早年的南开，教育很扎实

黄钰生

早期的南开中学，是四年制的。国文、英文、数学的课程，四年都有。中国历史地理、世界历史地理、化学、物理、生物分年设置。到了四年级还有簿记、经济学等一些选课。体育，除军操是正式课，有教员之外，其余如篮球、足球、网球和田径项目，都是课外活动，没有正式教员。

国文没有正式课本，用的是油印的讲义，模范文选自《古文观止》和《秋水轩尺牍》，也选一两首像杜甫《望岳》这类的诗，在高年级讲读。作文很注重。前些时，我的外甥冯承柏把他父亲冯文潜保存下来的、我在南开中学一篇作文给我，毛边纸，红格，恭楷，那是一个下午的课堂作业。错句错字，老师纠正；好句子，圈圈点点；有眉批，有尾批，这样的作文，每两周一次。

习字　毛笔字，一年级上过几堂之后，全凭课外自习。字体颜、柳、欧、赵都可以。我记得我还在“白摺”上练过小楷。

课外读物，完全自由，我不记得学校对我们有什么禁令。我们班里有看梁启超主撰的《庸言》的，有看康有为主撰的《不忍》的。《不忍》的头一篇文章，我和冯文潜都背过。陈独秀主撰的《新青年》1915 年问世后，那是期期必读的。

英文　我的第一个英语课本叫《英文津逮》（*English Lessons*），是当时天津北洋大学堂的一位美国教员专为中国学生编的，颇有些地方色彩，如说“塘沽离天津九十里”之类的例句。我们那时候学英语，不像现在从发音规则学起，循序渐进，我们认、读、写英文字像认、读、写汉文方块字一样，先生硬教，我们硬学，天天默单字，天天背课文。从二年级起，我们学商务印书馆出版的《英文读本》，里边有中国故事英译，也有外国故事的简写。这些我们不大感兴趣，感兴趣的是《泰西五十轶事》和《泰西三十轶事》。豪桑的《古史钩沉》，希腊神话，故事有意思，文字太深。到了三年级下半年和四年级，我们就读英文原著小说了。《威克菲牧师传》我们班读了很久，其中的一首故事诗，我们全都会背。我清楚地记得周梦贤老师把我叫到他宿舍去，发还我的汉译英卷子，我那本卷子写满了他写的红笔字，他左手指着我的卷子上的某句某字，右手指着我的鼻子，用上海方音大声喊道：“黄钰生！你这个字是怎么用的？你这个句子是怎么造的？！”我在他的手下最高分数是 75 分。我的英文底子，是周老师给我打的，我至今怀念周老师。

早期南开中学英语教学的一个特点：从二年级起年年都有美国或英国教员教我们。我记得 Hersy 夫人教我们简单英语会话的情形，入了中国籍的崔伯先生用英语给我们讲安徒生童话，嗓门那么大，以致华午晴先生以为他和我吵起来了，跑上楼来“劝解”。总的说来，南开中学毕业，一般地能够听懂美国人或英国人讲话，不仅是简单的句子，成段的讲话也能听个七八成。

早期南开中学的英语教学成绩之所以较好，除了英语课本身之外，还有一个原因，就是许多功课的课本都是英文的。数学课本、代数、几何、三角全是英文原版书，世界通史课本，对于我们的英语成绩影响更大。那是一本美国人为中国学生写的，著者叫任纳夫，当时是北洋大学堂的教师，文字也相当讲究，我们一般都熟读这本书，比我低一班的段茂澜，几乎全本都背得过来。

我们的英文阅读能力，我记得我从南开毕业时，像《西洋通史》这样的书，每小时能读七八面（Pages），1916 年我到清华学校插班，我发现清华同班，每小时能读十、十一面。

数学　算术、代数、几何、三角四年教完，有时候有交叉重叠。我那一班入学时，程度不齐，所以花了差不多一年时间复习小学算术。我的算术是马千里教的，代数先生是严约敏，几何先生是时子周，后来由上海圣约翰毕业的朱曾贯老师教。数学老师的教学技巧高低不同，但要求都很严格，老师留的作业相当多，到时一定要交，老师也如期评阅发还。在此我还要补充一点，张校长很关心数学教学，他自己爱好数学，也是一个好数学教员，他代课教过我班的几何，他不但讲解清楚，而且善于启发学生的逻辑思维。在他的班上，你脑子一分钟也闲不下来。

理化　南开是一向注重理科教学的。它的仪器设备，在中等学校中是较早、较好的。理化教学，不但教师作演示，而且学生们也要亲手做试验。我的那一班不凑巧，直到末一年才摸着两人一组做试验，下一班的机会就好些了，师资也好些，仪器药物也完备些。张校长关心理科要比关心文科多一些，南开中学，乃至南开大学，都是这样。

早期南开中学的课程，并不是门门都成功，譬如，中国历史就很糟，但总起来说，南开中学的课程是认真的，教学成绩是扎实的。就以我来说，我的基础知识，都是在南开中学学到的，或者说，知识的基础，都是在南开中学打下的。

（选自《早期的南开中学》，原载于《天津文史资料选辑》第八辑，天津市文史资料委员会编）

# 南开是个家庭学校

黄钰生

1915年我那一班毕业时，29人之中，20人住校，9人走读。虽是走读，每天至少也有八九小时和我们住校生在一起，所以谈生活，也包括他们在内。

衣服　春、夏、秋三季一般都是“缸靠”竹布大褂（即长衫），颜色深浅略异，样式基本相同。冬天，颜色较深的布棉袍。也偶有穿丝绸呢绒的，那是极少数，而且看来也不顺眼。也有制服，那是上军操时才穿的，平时很少穿它。上课时必须穿长衣服。走读生早晨进校，住校生星期天出校，也必须穿长衣服，否则，号房刘明老人不允许。只有运动的时候和在自己宿舍的时候，才许穿短衣服。裤子一般是西式的。鞋是皂鞋，穿皮鞋的很少。夏天，有不少的人穿白帆布五眼鞋，我们以羡慕的眼光，见了穿白鞋的人，喊一声“帅”！我是1916年到清华之后，才“帅”起来的。帽子，我不记得我那时候戴的是什么样的帽子。同班李氏叔侄，冬天戴瓜皮帽，我们都笑话他们。

发式　我的《毕业同班录》的照片，28个“平头”，1个葫芦头。一般地说，早期南开中学学生的衣服，是朴素、整洁的。

伙食　住校生都包全伙，就是说一日三餐，一月30天，都在校吃饭。走读生多数包半伙，每天吃一顿中饭。星期天除外。全伙、半伙都分两级：

甲级全伙每月三元多四元光景，乙级二元多不到三元。半伙按比例计算。八人一桌，四个八寸盘，甲级有两个荤菜，乙级一个，馒头、米饭管够。中饭每桌有一位老师。哪位老师在哪一桌吃，不固定。这样做一则是为了便于师生互相认识；二则为了维持礼貌；三则是跟学生吃中饭的老师不用花钱，是一种“福利”。礼貌云云，主要就是不要抢菜，张校长有时也和学生吃中饭。他很讲策略，提议把四盘菜顺时针方向挪动，为的是不让好菜总在一个人的面前。可是每逢一盘鱼挪动到他的面前时，就不再挪动了。这是同学间相传的笑谈。

我们的伙食是由一家厨师承包的。学校只供给饭厅、桌凳、水电，其余都由厨师包下来。因为厨师善于经营，学校行政廉洁，管理严格，所以厨师有利可图，我们也吃得满意。管理严格最突出之点，是饭厅不许有苍蝇。知道南开中学当时环境的人，认为这是很难做到的一件事。因为南开中学的后边，就是一个大污水坑，是亿万苍蝇孳生的地方。但是南开中学行政采取一系列的有效措施——如固定的纱窗、饭厅入口处的暗室——终于克服了困难，做到无蝇饭厅。对厨师也提出严格要求，除了要求饭厅无蝇之外，如果饭菜里有苍蝇，就罚他重做一个菜。有时，调皮的同学从外边抓一个苍蝇扔到菜里，要罚厨房。厨房掌柜的总是小声说：“先生们，我们是血本经营，赔不起呀！”有时也有争执，只好送管理员公断，管理员就秉公办理，好在经过油煎水煮的苍蝇究竟跟刚刚扔进菜里的苍蝇模样不同，该罚就罚，不该罚就不罚。

管理　安排管理好学生的生活，是早期南开中学的一个特点。先说宿舍，以四斋为例，每间寝室四个床位，中间一张带四个抽屉的书桌，桌上悬着一盏有白瓷罩可上可下的电灯，这就是我们起居生活温课的地方。门外墙上挂着四个竹牌，上写学生的姓名，以便“查斋”点名。哪四个人住哪一间，由学校指定，有时也听学生自由结合的意见。原则是：同班同屋；年级相近，寝室相近。

6点半起床。“堂役”（即校工）摇着小铃，叫醒酣睡的学生。同寝室的人互喊一声，一般都即时起床。7点钟，斋务员来检查宿舍，看有睡懒觉的人没有。也有6点半以前就起床的，那是些到校外开洼去练越野赛跑或者大嗓门练演说、念英语的人。学校6点开大门。到了冬天大考之前，食堂的灯，5点就打开，给学生们温课。起床之后，各人拿自己的脸盆（薄铁皮压成的，那时还没有搪瓷）、毛巾、肥皂（日光皂，英国进口），有的人还带着牙刷、牙粉（狮子牌，日本进口）到盥洗室去洗面漱口。我不记得盥洗室有太拥挤的情形，大概是叉开了时间的缘故。7点早餐，稀饭、馒头、咸菜。因为定量供应，所以来吃者可以参差不齐。8点上课以前，用功的人，温温课。球迷拿着篮球去“秀”（shoot）它几下，这是我经常干的事。上课了，学生们从寝室拿着要用的书籍纸笔到课室去。上午几乎堂堂都有课，自修堂很少；下午的课，理化实验和作文居多，也有自修课，到了4点，全都到运动场上或者会所去了，开会的开会，写文章的写文章，唱歌的唱歌，演戏的排戏，锻炼田径技能的锻炼田径技能，搞比赛的搞比赛。比赛最热闹，运动场和各会会所满了人，除了病号之外，宿舍里没有人，课室里也是空空的，但不锁门。这是课外活动时间，每天都有。晚饭后，7点上自习班，每个人都到自己寝室的座位上去做功课，很少有不做功课的人，因为明天就要交作业，或者提问，或者其他形式的小考。9点半了，但听室外有骆驼铃响，这是校工用一根棍子串一串铁皮夜壶分送到各室去的声响。不久，又听到皮鞋大、不跟脚、鞋后跟有铁掌、铁掌与甬道砖面相碰的嗒啦嗒啦的声音，这是“华白眼”查斋来了，该熄灯了，果然熄灯了。这是10点整。如果你不睡觉，还说话，就有人敲门，细声说，“该睡觉了。”再过半点钟之后，也许一排宿舍有一两个人偷着到厕所去“开夜车”，因为10点以后，只有厕所有灯光。

这就是住宿生的一天——满满的一天。如果你把上课当作生活的话，寓教育于生活之中，这是早期南开中学的教育方法。安排管理学生共性的生活，也安排学生个性的生活，有时分别进行，有时同时进行。过不久，学生们都要晒被褥，消灭细菌，借此也可以检查学生个人生理卫生的情况。又例如，我嘴馋，在校门口的零食摊赊账买东西吃，孟琴襄老师把我叫到一边去，细声说：“账要还，别再赊了。”我涨红了脸，照着老师的教导做。孟琴襄和华午晴一样，是南开建校的功臣。他为人憨厚，我们叫他“傻孟”，其实他精明能干。南开中学的体育，后来，全校——中学、大学、女中、小学校舍，室内室外的整齐清洁——包括食堂无苍蝇等事实，足以证明他在这方面的才干和责任心。

早期南开中学，寓教育于管理生活之中，其所以得法，主要是由于学校负责人——张伯苓、时子周、华午晴、孟琴襄、尹绍荀等人，认得全校的学生，每一个学生，叫得上名字，知道他的功课品行如何。我到南大任职之后，张校长回忆早年的情形，对我说：“我和华先生他们比赛认识学生，后来学生多了，我认不过来了，但是管宿舍的人必须认识他所管宿舍所有的学生。”因为管理学生生活管理得周到，当时社会上，特别是学生家长，称赞南开是个家庭学校，张校长以为这是对南开最恰当、最光荣的称赞，他在修身班多次提起这件事，引为欣慰。

集体　培养集体意识，是早期南开教育的又一个特点。从校舍的建筑和使用，到课程的设施，到课外活动的提倡，到安排管理生活，时时处处都着眼于大小集体意识的培养。大之如国家，小之如一个寝室，都是集体。张伯苓校长到了中年，把他办学的宗旨概括为“公能”二字，“公”就是为公不为私，“能”就是知识、技能、本领，其中包括为公家办事的能力，组织集体的能力，为集体争荣誉，不为集体贻羞辱的意愿。我们姑且把这叫作集体意识。首先，一个班就是一个集体。早期的南开中学，对于班集体意识是加意培养的。一班的课室，相当稳定。这是全班——包括住校与走读——共同作息的场所。功课在这里上，有些课外活动，在这里做准备，更重要的是：集体生活在这里过，用旧名词说，同学之间的劝善规过、砥砺学行，用新名词说，批评与自我批评，在这里进行。班舆论的威力很大，谁都不敢冒全班之大不韪，做与班誉有损的事。一个人参加全校性的比赛，只是代表他的班去的，胜利了，个人光荣，更重要的是，全班光荣。学校的比赛，许多是班际比赛，不是个人的比赛，奖状、锦旗发给班，不发给个人，个人受到表扬时，总是提某某班某某人。通过这些措施，本来互不相识的四五十个青年，很快就形成一个愈来愈坚强的班集体。

除了班集体之外，还有许多跨班的团体——自治励学会、敬业乐群会、三育竞进会、新剧团、唱歌团、广武学会、军乐队、演说会、国文学会、英文学会等，都是这样的团体。一个学生，除了参加他的班集体之外，总会参加一个乃至几个跨班级的团体。任何课外活动团体都不参加的游离分子，在早期的南开中学是很少很少的。学校正是要通过这些团体，培养集体意识，锻炼其成员的组织能力，促进其学业、技艺的成长，这就是张校长提倡课外活动、团体组织的用意。

通过校舍范围内的共同生活和学习，在班集体与团体组织的基础之上，包括全校师生员工的校集体，很自然地形成。通过和校外人士的接触，通过校际的比赛，通过种种比较（升学就业，都可以比较），南开的集体意识，很自然地形成。觉得自己是南开的一员而感到自豪，要求自己为南开争光，不为南开丢脸，这就是校集体意识。这个校集体意识，进校不久就开始形成，随着在校时间而与时俱增。离校之后，仍然不减，南开毕业生（很多时候并非毕业生，在南开上过学做过事的就算）到那里，那里就有南开校友会的组织，这说明校集体意识之旺盛。到了张校长的晚年，南开校友会在国内大城市都有，甚至于外国也有。

（选自《早期的南开中学》，原载于《天津文史资料选辑》第八辑，天津市文史资料委员会编）

# 南开精神：干、干、干

杨肖彭

1923 年 9 月，我到了南开中学之后，看到什么都是新鲜的。当时学生有 1600 人，多数住校，通学生（即走读生）也有几百人。住在租界的官僚、买办、资产阶级家庭出身的子弟们，多是有汽车或“包月”（即自备的人力车）接送。午饭虽然学校设有三个十分整洁的大饭厅，六人一桌，有荤有素，四菜一汤，白米白面的主食（分为全餐、两餐、一餐三种），仍不能满足这些少爷式的学生口味时，他们可到学校对面的太平洋西餐馆，或仁义成、捷胜和等饭馆去吃。生活享受上，应有尽有，只要有钱，都是不难解决的。甚至考不进初中，也能以学宿费加一倍的办法，免考入学，做“副学生”。学校为这批学生单开一班，试读一个学期，考试及格者，第二学期即转为正生，否则退学。这种办法，是在当时其他学校所没有的。

1924 年孙中山先生逝世不久，教务主任喻传鉴先生在中楼前的操场上，给大家播放了一次孙先生生前在广州演讲的录音片，听到革命的道理，我的印象较深。

在星期三上午的全校师生周会上，我最爱听张校长的训话。我记得下面几个内容对我的感染最深：

一次在周会上，张校长亲切地对我们说：“现在南开学生多了，不似当年在严馆时，只有十几个人，我可以分别请你们到我家去吃个便饭，谈谈家常。现在咱们有1600多人，你们要让我请你们一顿饭，会吃我个家产净绝。但是大家如有家庭问题，愿找我谈心的，可以到办公室约定时间，我愿帮助你们青年人，解决个人问题。”我就是这类学生当中的一个，从此把张校长看为自己的恩师。

1927年大革命之后，一次张校长在周会上讲：“中国的时局是‘打老大’，谁当上了老大就必挨老二的打，等老大被打下来之后，老二就做了老大，然后再出来一个新老二，打这个新老大。这样循环不已地打老大，就是中国的时局。……”最后结论是：“救中国没有别的出路，只有办教育，造就人才，实行教育救国。”

张校长反对早婚，学校规定入校后不满20岁的学生不许结婚。他对学生们讲：“你们入南开以后不满20岁的不要结婚，早结婚有害处。如果你的父母非要让你结婚不可，你就对他们说：‘我结婚是要给自己娶太太，不是给你们娶儿媳妇。’他们如果还不同意，你就说这是我们校长说的。”

张校长常讲：“咱们南开真是‘难开’，不管钱怎么困难，咱学校的房子一定要修好，该上油的地方一定油饰好，永远看着有朝气。青年人不能萎靡不振。”

我在校的六年中，学校遭到几次变乱，如褚玉璞、李景林、张宗昌控制着天津时，市面几度陷入混乱状态。张校长除了把女中与南大的女同学都临时迁往租界避难以外，自己总是以身作则地留在学校，同师生们一起，共甘苦，同患难。我记得有一次校外的散兵与土匪勾串起来，到处放枪抢劫，学生们有些害怕，张校长把我们召集到大礼堂，笑容满面，态度轻松地对大家讲：“你们不用害怕，那些大兵们就怕看见书，你们在这里是念书，所以他们不敢进来。”

张校长对学生们的课外活动是非常重视的。有一次在第一饭厅前贴出一张“无线电研究会”的广告被张校长看见，他立刻把发起人找到校长办公室，先问这几个学生：“为什么想玩这种东西？”然后对他们说：“你们玩得好，学校先补助你们100块钱，好好地玩！”张校长对这种课外活动，一向是大力支持的。又如对东北问题研究会，就是在九一八事变之前办起来的，当时不但张校长自己到东北去考察，后来还专门请来傅恩龄先生主持这事。尽管走的是改良主义的道路，也是被日本军国主义者所怀恨。这与日后南开学校被日军飞机轰炸是有关系的。

1927年夏天，张校长利用暑假在南中礼堂召开了学校工作改革讨论会。学生当中有林受祜、乐永庆、万家宝（曹禺）、张廷勋和我等人参加。这次会的主要内容是说明以下几点南开精神：

1．南开学校办学是在“继续改造环境”。用张校长的说法就是“干”。我记得那时有人送给大会一面横旗，上面只写了“干、干、干”三个大字。当时张校长提出表扬说：“这正是我们南开的精神。不过还要讲清楚，应当怎样干？”

张校长还常对大家讲：“有人到南开来参观，多向咱们要章程。当咱给他章程时，一定先要对他声明：‘这份印好的章程是过时的了，因为我们学校天天在改进。’”张校长对来校参观者，不论何人，从来不做任何布置，让人家看真的南开学校。

2．所有参加会议的人都提了不少的“工作改革提案”，每案都要包括三项内容：(1) 提案内容；(2) 理由；(3) 办法。有一个学生提了一个提案是：填平学校后面的臭水坑（即新中国成立后的南开公园），提出的理由是：太臭，有碍卫生。办法是：请校长设法办理。张校长拿出这个提案对大家说：“这个提案很好，只是办法有问题。因为我这个校长没有那么大力量，填平有史以来的臭水坑。那怎么办呢？我看还是让大家炼炼鼻子吧！臭味闻惯了，也就不觉得臭了。这是在南开上学的一项锻炼。”

我在高二时，校内成立了贩卖部，专卖糖果和冷饮。校长指定由我负责管理，每晚前去结算账目，并请王九龄先生与我一同在一个礼拜日的清晨，到估衣街、锅店街等处，调查研究早市行情，以便监管贩卖部的工作。一天晚上张校长还约我陪他一同到贩卖部，买了两瓶汽水同我一起喝，借机观察收款的情况，并及时地给以指导。

中学部院内的文具店，那时已改为消费合作社，校内师生凡愿参加者，付社费二元做社员，发给一张卡片购货证。我记得我每学期买货十五六元，年终可分到二元上下的利润。多买者多分。主办消费合作社者，老师当中有张彭春（仲述）、陆钟元（善忱），学生中有乐永庆、万家宝、林受祜、张廷勋和我等人，组成委员会，另聘专人做具体工作。在当时这是一种很新的商业形式，一般机关和学校是没有的。

听老校友卞俶成（肇新）先生讲过关于张伯苓校长以身作则的戒烟事迹：张先生当初吸烟，一天先生给学生们讲修身课，内容是戒吸纸烟。有一个胆大直爽的学生，当堂提问："为什么先生可以吸烟？"张先生毅然决然，立即把烟具当场毁掉，身体力行，从那时起，终生不再吸烟。张校长以身作则的作风，成为日后学校优良传统的校风之一。回忆我在校的六年当中，不仅绝对不准吸烟，如在宿舍里发现学生有火柴，则记大过一次，三次大过就开除。因此，宿舍内不许有蜡烛，否则，同样受记过处分。纪律严明，人人遵守，绝无例外，更没有特权。我记得有一年过"双十节"，晚上参加提灯游行大会，返回宿舍后，斋务课立刻把所有的蜡头收回，以免违反纪律。真是说到哪里就做到哪里。南开精神之一就是言必信、行必果。

张校长对南开学校兴建校舍，有其独特的见解。在华午晴先生设计兴建南中南楼时，张校长给我们讲："咱南开盖楼房，要达到三个目的：一是适用；二是好看；三是省钱。"

对于给南开捐钱的人，张校长主张：不论是谁，只要他肯捐钱给南开，办教育，做好事，咱就要。

我在南开中学住校的六年中，学生所睡的都是木板和板凳床。那时没有滴滴涕一类的药物防治臭虫。学校为了消灭臭虫，在后院建设了一间无窗的加温室，把所有的床板、板凳，分批在室内加温到摄氏三百度高温，杀绝臭虫。对此，凡是住校的师生，皆大欢喜。

（选自《我对张伯苓校长与南开学校的回忆》，原载于《天津文史资料选辑》第八辑，天津市文史资料委员会编）

# 东北沦陷，印《东北经济地理》

何炳棣

20 世纪 30 年代的中国教育界和国民政府的教育部都有一种极其功利的注重理工的看法和政策。那时一般“关心教育”的人们的心目中，一个中学的“水准”往往取决于毕业生考进清华和上海及唐山交大等大学的人数。南开中学毕业生考进这些热门大学的人数是很可观的，但有时略少于特别加工训练学生做最繁难数学题目的北平师大附中、上海中学、扬州中学。至于南开中学教育的“全面性”，远非当时任何中学所可比拟，这是“有识之士”所公认。

九一八事件爆发之后，不久就发生了土肥原一手制造的“津变”。南开中学的校舍遭到侵扰，学校不得不停课数周。但至迟在 1932 年年初，学校已经编印好了一本新教材，开了一门新的必修课。这本大约 20 万言的南开独有的教材是《东北经济地理》，它的编者是校长张伯苓先生的秘书傅恩龄（锡永）先生（傅先生当时在南开大学担任东北研究会主任干事）。傅先生眉浓目秀，灰发中分，和蔼可亲，可惜我从来未曾和他交谈过。他精通日文，从当时的“南满铁路株式会社”研究部的大量出版物中，取精摘华，有系统地介绍了东三省的自然和人文地理，特别是各种自然资源。这本教材毫无疑问的是当时国内有关东北地理有限著作之中最好的一部。举国上下悲愤之际，都知道东北地旷人稀、资源丰富，对祖国将来的建设极为重要，但只有南开中学才能以扼要的科学知识和大量的统计数字，教导学生加深了解何以东北对祖国是那样重要、神圣。

空前的困难降临后短短三个月中，包括日寇和汉奸数周的武装干扰，南开中学能如此爱国，编印出专门教材，开一专门新课——这个纪录，可以向近代世界各国所有的中学“挑战”。

（选自《一个可以向全世界挑战的纪录》，原载于《天津文史资料选辑》第八辑，天津市文史资料委员会编）

# 第七章
# 作为教育家的张伯苓

# 父亲早期的教育思想

张锡祚

先生见及清末国势之衰颓，原因在于五病：曰愚、曰弱、曰贫、曰散、曰私。他创办南开学校，在培植学生时，要力矫以上“五病”。其教育方法，着重在下述五个方面：

1．培养新道德，力矫时弊。严禁吸食鸦片、酗酒、嫖妓、赌博和早婚。学生有违犯者，即予开除，决不宽贷。在教室楼门侧，立一面大镜子，镜铭曰：“面必净，发必理，衣必整，纽必结；头容正，肩容平，胸容宽，背容直；气象：勿傲、勿暴、勿怠；颜色：宜和、宜静、宜庄。”是立镜以力矫当时颓靡不振之风，要求学生们随时精神饱满，生气勃勃。每星期三下午有修身课，给学生讲授读书爱国和做事做人之道，间或旁及国内外大事，有时也请些学者名流来校讲演，使学生接受新思想，增长新知识和提高新的道德观念。

2．提倡科学知识，介绍西方科学，灌输新思想。在科学研究中，特别注重科学实践。南开中学创建一开始，就在国内外购置了大批实验仪器和教材，教给学生亲手做理化实验。这样的设备，颇受来校参观者的赞许。

3．注重体育锻炼，培养健强的体魄。平时训练学生，首先在于加强课内课外的体育锻炼，有关各种体育设施、运动场地，都力求完善，在历年国内国际的各届运动会中，南开学生都有出色的成绩。在体育锻炼时，更重视体育道德的培养。南开中学初时每星期六下午，还有一次全校学生大会操，加强训练学生们的组织性和纪律性。

4．培养组织能力。为了训练学生的组织能力和办事能力，多方面指导学生做课外组织活动，组织各种团体，如各种学术研究会、演讲比赛会、出版刊物、创办新剧团、成立音乐研究会、组织体育队等，使学生在幼年时就能适应团体生活，加强团结思想。总之，要使每个学生，不但要会念书，也要会办事。

5．灌输爱国思想。先生平日念念不忘图强雪耻（实际上是他爱国主义思想的具体实践），经常对学生们进行爱国主义思想教育，以便将来毕业离校做事时，不论什么事，都能联系到国家民族的利益。学生们从幼年就接受着这种教育，其爱国思想，就会终身不忘。

先生从幼年承久庵公教诲，办学重实践，贵启发，并且常以“干、干、干”三字训导学生，他常说：“凡事必须亲自动手实干，才能懂，才能会，才能精。”先生还多次讲：“我是学海军的，对教育本是外行，但我有志于办教育，所以才研究教育，办教育。我是干中再学，学了再干，尽毕生精力于干、干、干，今天我已经由一个外行，变成一个内行了。又如我校的华午晴先生，他是严、王家馆的学生，没学过土木工程，但他能总管学校的建筑，连年修建，现在女中部的教室楼，就是他绘图设计的。该楼用地不多，楼上楼下，每一方寸之地，他都加以利用，虽一般的工程师，也不能过之。还有王九龄先生，他是师范班毕业生，没学过农林、园艺，但他管理学校的花木以来，经过处处向别人学艺，天天看书钻研，今天已成为一名花木专家了。”

先生又常说：“正人者，必先正已，要教育学生，必先教育自己。”有一天中学的修身课，先生看见一个学生食、中两指被烟熏得焦黄，先生指着他说道：“看你，把手指熏得那么黄！吸烟对青年人的身体有害，你应该戒掉它。”学生回答说：“你不是也吸烟吗？怎么说我呢？”先生当时很受启发，深感欲教育学生，必先教育自己，凡事都要以身作则。于是立即唤校工，将自己所存的吕宋烟全数取来，当众销毁。校工惜之，先生答道：“不如此，不能表示我的决心。从今以后，我与诸同学共同戒烟。”此后，南开在校学生再没有吸烟的了，先生也终生不再吸烟。

（选自《张伯苓先生传略》，原载于《天津文史资料选辑》第八辑，天津市文史资料委员会编）

# 先生办学，侧重“人才教育”“领袖教育”

王斗瞻

敬业中学成立四载，从学日众，校舍逼仄不能容。郑公菊如慨捐南开田地十亩，募建新舍，于光绪三十三年（1907年）秋，迁入新址，更校名为南开中学。先生办学主旨，在造就新人才，故侧重“人才教育”“领袖教育”。训导方法，注意以下数端：

一、道德训练：先生鉴于民族精神颓靡、个人生活习惯不良，欲矫时弊。凡饮酒、赌博、冶游、吸烟、早婚等事，均悬为厉禁，犯者退学，决不宽假。在校门之侧，悬一大镜，镜旁镌箴词：“面必净，发必理，衣必整，纽必结；头容正，肩容平，胸容宽，背容直；气象：勿傲、勿暴，勿怠；颜色：宜和，宜静，宜庄。”俾诸生出入，知所儆戒。每星期三在礼堂训话，名为“修身班”，阐述行己处世之方，及求学爱国之道，语多警惕，学生多永矢服膺。

二、体格锻炼：国人身体衰弱，精神不振，端由于不注意体育所致。先生竭力提倡体育，先学校，后社会。谓学生在校有良好运动习惯，则出校定可为社会造成运动风气。故南开之体育设备，运动场地，力求完善；体育组织，运动比赛，力求普遍；以期个个学生均有坚强之体魄，及健全之精神。

三、科学实验：我国科学不发达，物质文明远不如人，故在校亟亟提倡科学，训练学生注重实验。购置理化仪器，开辟实验室，令诸生自己动手去做，借以培养科学精神。美国哈佛大学校长 Dr. Eliot 参观南开，见中学有如此之设备，深为叹服！

四、团体组织：先生又鉴于国人团体力薄弱，涣散无组织，原因在不能合作，故常鼓励学生组织课外团体，练习做事。凡学生自动组织之学术研究、讲演、出版、话剧、音乐、体育等团体，莫不力予赞助，使学生多有参加活动之机会。

五、培养爱国实力：先生鉴于国势危急，自身复饱受刺激，故从事教育，目的在雪耻图强；其训导学生，则重在读书救国。关于国际形势，世界大事，及中国积弱之由，与夫所以救济之方，时对学生剀切训话，借以灌输民族意识及增强爱国观念。先生爱国主积极，重实践，认定学生在求学时代，必须充分准备救国能力。在服务时间，必须真切实行救国志愿，有爱国之心，兼有救国之力。此先生所期望于南开个个学生者也。

（选自《张伯苓先生事略》，原载于《天津文史资料选辑》第八辑，天津市文史资料委员会编）

# 教育救国，苓之夙志

王斗瞻

民国 24 年先生被派为禁烟委员会委员，11 月赴重庆与会得览川中名胜。川省号称天府，且为文化中心，前途发展，未可限量。川中南开学生甚多，所至备受欢迎！蓉、渝两地校友，希望南开在川设立分校。先生漫应之。次年自蜀归，知华北形势紧急，日人有随时发动之可能。果有变，南开必不保。即不然，亦仅能维持现状，难图发展。为谋南开教育之推广，遂有在川设立中学之意。乃命喻传鉴入川视察计划，严伯符、宋挚民筹备建校。购地于沙坪坝，命名为南渝中学。先生于 11 月再次入川而办学。

“七七”变起，平津沦陷，南开于 7 月 29 及 30 两日，各部校舍首遭敌机轰炸焚毁。时先生在南京，以数十年惨淡经营之学校，毁于一旦，闻之滋痛。当局劝慰：南开为中国而牺牲，有中国即有南开。

爱子锡祜，为空军第三届毕业生，轰炸队员，战事初起，我国空军健儿，奋起抗敌，英勇作战，锡祜其一也。是年 8 月，在吉安奉命赴前线，中途失事，机坠人亡！人恐先生迭遭剧变不能自持。先生闻耗，默然久之，曰：“吾早以此子许国，今日之事，自在意中，求仁得仁，复何恸为！”

10 月 17 日，南开校庆纪念，先生托汉口《大公报》及中央社通电全国校友，谓“教育救国，苓之夙志；此身未死，此志未泯。敌人所能毁者，南开之物质；敌人所不能毁者，南开之精神。极望全国南开校友纪念学校，本南开苦干之精神，为国家民族努力。深信津校复兴，必能于最短期内实现也。”

徇校友会之请，将南渝中学更名为重庆南开中学。因战区来渝学生纷请入学，学额增至 1600 人。

国民参政会成立，先生被选为参政员。大会于民国 27 年（1938 年）7 月 7 日，在汉口举行第一次会议，先生当选为副议长，对于抗战政策，多所建树。在开会词中，先生力陈意志集中、力量集中之必要，谓“中国现时在‘难’与‘险’中求生存。譬如逆水行舟于长江大河已属甚难，再遇惊涛骇浪，益形艰险！但拉纤之人，果能一齐努力，朝着一个方向迈进，而舵主又素有经验，足以服众，无不唯命是从，则同舟共济，定可夷然达到彼岸。现时中国之环境正是如此，必须全国统一，拥护政府，中国方有出路……”语重心长，闻者动容。

南开大学自被毁后，教育部即命与北京大学及清华大学合并，迁长沙，称临时大学。后复迁至昆明，改称西南联大。先生与蒋梦麟、梅贻琦二校长，共任常委，先生于一年中，由重庆数度飞昆，为联大筹划经费及校地等事。先生尝谓国人最大之通病，在不能合作，西南联大在战事结束前，必合作到底。以是三校同人体先生之旨，凡事均能和衷共济，协力进行。故西南联大在抗战时期，已成为国内外最负盛名之学府矣。

南开大学经济研究所，于民国 28 年（1939 年）9 月在重庆恢复。以何廉任所长、方显廷为代理所长、陈序经为研究主任，招研究生十人，正式开始工作。

国民参政会议长汪精卫通敌，潜行离渝，一时谣诼纷然，人心摇动。先生谓：“今日之事，在能战不能战。如能战，必抗战到底，义无反顾。”听者为之动容。

抗战四年时，前途尚难乐观。夏日炎热，天久不雨，旱象已成，加以滇缅路断，外交空气恶劣，警报频传，敌机滥施轰炸，先生平日最乐观，至是亦不免烦闷。忧时心切，民国 29 年（1940 年）7 月竟患前列腺肿大病，便道阻塞，尿血，颇觉痛苦，即赴中央医院，由泌尿科专家王历耕医师诊治，两星期出院。

是年8月22日，敌机扰重庆以南开为目标，投落巨弹30余枚，一部校舍或直接中弹，或震动被毁，损失颇巨，事后先生命人立即进行修建。有人询修后再炸奈何，先生谓："炸后再修。"以是敌机威胁虽重，而学校未尝因之停顿。

中国独立抗战数年，盟邦初未积极援我，而强寇日本则大量得到美国军火之供给，先生惄焉忧之！乃于民国29年1月对美播讲，申述四义：(1) 中国为自由生存而战，准备一切牺牲，抗战到底；(2) 日本如无国外之军火供给，对中国侵略之力量，必大为减少；(3) 美国对于停止供给日本军火之任何行动，大有助于远东局势之安定，及全世界之和平；(4) 美国对中国有传统之友谊，且爱好自由和主持正义，深信中国必能得到美国之积极援助。

先生因病，对于国事校事，感触多端，一日，召集同人谈话，谓："我个人一生从事教育，此志不渝，虽近因参政会事，和政治发生关系，但决不忘掉本身事业。近为病魔所扰，但自信体力甚强，不久必可恢复。国家前途光明，教育工作重要，希望大家为国为校，多多努力。"

先生鉴于国势好转，精神倍觉兴奋！68岁时曾言"为国家，为南开，当再努力12年，至80岁再行退休"。并尝告在学校服务之老学生曰："我未老，汝辈不得言老。"于民国32年（1943年）举行校庆时，先生自述感想，谓："南开之有今日，实为不易，严馆开始时，学生仅五人，中学成立时，学生亦仅73人。经30余年，惨淡经营，教职员同人齐心协力，学生逐年增加，设备逐年扩充，至抗战前，大学、中学、小学、研究所学生，几达3000人，而规模宏大，设备充实，在国人自办之私立学校中，尚不多觏。至重庆南开，创始于军兴之前，成长于抗战之中，规模设备，在后方中学中，亦称仅有。盖南开过去，无时不在奋斗中，亦无日不在发展中。南开学校如果算是成功的话，则一部南开史，实一部奋斗成功史也。"继又述自己工作，谓可分三个阶段："自中学创始至大学成立，为第一阶段；大学成立至南开被毁，为第二阶段；今后尽其余年，致力于教育及建国工作，当为第三阶段。第一阶段，惨淡经营，致力于中学；第二阶段，竭尽心力，多为大学奔走；至计划复校，协助建国，则当为一生事业第三阶段中之主要工作。在第一阶段，学校创设伊始，规模虽小，费力实多；至第二阶段，学生日多，规模日宏，费力大成功亦大；今后到第三阶段，深信以同样之努力，定可得加倍之成功。"

民国33年（1944年），国民政府以先生终身从事教育，有功于国家，于1月1日颁布明令，给予一等景星勋章，以示优异。

（选自《张伯苓先生事略》，原载于《天津文史资料选辑》第八辑，天津市文史资料委员会编）

# 对青年人热情，让人乐于接近

杨肖彭

1934 年我重到天津，参加天津基督教青年会工作。张校长是青年会的董事。一次在东马路青年会礼堂开会，由张校长演讲。董事长雍剑秋担任主席，先对张校长作了许多恭维的介绍辞。当张校长讲话时，开头先这样说："刚才雍先生把我大捧了一通，我现在先原封退回。因为一个人的好、坏，在他还活着的时候下判断太早，必须盖棺论定。"

张校长还常说："一个人让别人说好，那已经就不好了，何况有人还自己说自己好呢，那就更要不得。"

1935 年春天，我主持在青年会举办学术演讲周，计划请胡适来壮壮青年会的门面。那时胡是北京大学文学院院长，校长是蒋梦麟。我要求张校长给我写两封介绍信，万一胡适不答应，还可约请蒋校长来，也是有号召能力的。张校长对我表示支持，并说："好，回来让史先生[1]给胡先生写信，咱给他写白话信！"我的感觉是：在抗日战争之前的张校长，对青年人热情，让人乐于同他接近。例如他那时经常对学生们讲：他绝不做官，一心办教育。告诉我们："不要爱钱，够用的就行了。"

（选自《我对张伯苓校长与南开学校的回忆》，原载于《天津文史资料选辑》第八辑，天津市文史资料委员会编）

[1] 史先生：指张校长办公室秘书史学曾。

# 复校之志弥坚

杨肖彭

1937 年 7 月 29 日南开被日军轰炸时，张校长没有在天津，我住在南开同仁里孟琴襄先生的小楼内，看得十分清楚。那天上午伉乃如先生等人到我家，目睹炸弹落到南开大学的木斋图书馆上，顿时浓烟腾空，全楼付之一炬。伉先生说："南大完了！"下午敌机又来轰炸中学部，投炸小学的一枚炸弹落到平地没爆炸，而落在南楼与九间房的那两枚，把我们同仁里的部分玻璃窗都震碎了。沉重的飞机声在天空盘旋了一下午，人们都躲在屋内一筹莫展地等待着。

到了下午，住在同仁里的喻传鉴、伉乃如、孟琴襄、傅恩龄、俞霭青诸先生和我一家四口，考虑到情况严重，不如趁着天色未晚的时机，离开同仁里，以免在夜里行动更加困难。大家一起逃到南开电车公司去避难，住在电车上。当夜看到四处火光冲天，也有人不时地传来南开中学被抢的消息。第二天喻先生从外面买到一份《大公报》，向大家读着张校长得悉南开被毁的消息后的谈话，大意是："南开学校既已为国牺牲，复校之志弥坚。"我等闻之，莫不心酸泪下。

抗日战争时期张校长在重庆，和天津南开同人通信时，多由别人代笔，凡信中提到"公司"时，就是暗示"重庆南开"，校长则以"经理"字眼代替。我曾不止一次地听到南开的教职人员念过这样的信。

1945 年 8 月，日本无条件投降的消息传来之后。我给张校长先写去一封信，向他报告南开校舍被毁的情况，不久张仲述、喻传鉴、黄子坚、丁辅仁、伉乃如诸君先后飞来，准备复校工作。我这时已做了天津青年会总干事，对支持南开的复校工作，可以尽力给以协助了。

张校长准备回天津之前，我还曾在基督教联合会提议，把张校长比作美国的富兰克林，对其伟大的公民身份表示敬佩，在他到达天津时，全市的教堂一齐鸣钟，以示欢迎。我把这个意见用电报通知了张校长。他及时给我回了下面的一个电报：“苓即将回津，唯因时局不靖，教堂鸣钟事请勿举行。”

张校长搭中国航空公司的飞机抵北平西郊机场时，我们有几十个南开校友特意从天津去接他，并同车陪他返回天津。车到东站时，有两三千人自发地去欢迎张先生。当时的市长、南开校友杜建时先生到北站上车，陪他到东站一起出站。

张伯苓校长在抗战胜利后回到天津时，年逾古稀，却没有留胡须。当他见到一位留有胡子的老校友时，故意命令式地说：“你今年不到 60 岁，到时候就应当把它剃了去！”说明张校长是不愿一个人没有朝气的。

（选自《我对张伯苓校长与南开学校的回忆》，原载于《天津文史资料选辑》第八辑，天津市文史资料委员会编）

# 私立学校如南开者，不可多得

杨鸿烈

我首次听张伯苓先生讲演，是在北京师范大学一个暑天里，看见他身高七尺，躯体魁梧，穿着夏布长衫，套上黑纱马褂，手里摇着一把折扇，声音洪亮，口若悬河，以天津腔调，讲得滔滔不绝，听的人都在张口大笑。我当时认为他虽然谈笑风生，但毕竟不大像个学者。

南开中学的校风，为活动为社会化而不读死书。保守派的家长曾谴责张伯苓，把学生的精神外骛，致学生们没有对基本之专深下功夫。大概南开早期毕业的学生，总是喜欢做事，而不愿做学者的。南开中学注重实用，但不是说南开的功课不好，相反地，他们的英语、国文、数学都好。

我在 24 岁时到南开大学教书。某天早上我正对学生讲班固《汉书 · 艺文志》的时候，抬头看见张伯苓校长和学校高级职员陪同日本驻天津的总领事吉田茂等五六个日本人来参观。张校长在以前是不认识我的，经教务主任黄子坚说明，才知道我是梁启超先生所推荐来的。随后张氏在校园中看见我，便约往散步，告诉我说那天日本总领事来参观，是因为外传南大开办一个日本问题研究室，由一位留学东瀛的傅先生负责主持，日本总领事放心不下，所以前来借口参观，实为调查。对此，张伯苓很愤慨地说道：“日本样样都好，足资我们中国模仿取法，只有一桩事最不好，便是动不动便想欺负中国。”

张氏常常在外面栖栖遑遑，席不暇暖，奔走呼号地替学校筹款。他在北京总是协同熊秉三向财政总长张弧要钱，张弧曾当过熊氏的次长，多少是买账的。我们有时恭维他说：“私立学校如南开者真不可多得！”他答得极干脆，说：“什么私立？都是敲政府的竹杠。”他时常说：“人生当如拉马车之马，两眼左右被蒙着，只许往前看，而前面又是走不完的路！”总的说来，他不论筹款多少，全部用在学校的建设上，把办教育当作终身事业，难能可贵，有目共睹，实在不可一笔抹杀。

（选自《回忆张伯苓先生》，原载于《天津文史资料选辑》第八辑，天津市文史资料委员会编）